Q&A
公認内部監査人
CIA® 資格認定プログラム

資格取得を考えたら最初に読む本

一般社団法人日本内部監査協会
The Institute of Internal Auditors Japan

一般社団法人
日本内部監査協会 監修

堺 咲子 著

新シラバス対応

税務経理協会

公認内部監査人（CIA）資格取得を目指す皆様へ

　公認内部監査人®（CIA®）資格制度が創設されたのは 1973 年で、昨年 2024 年は、初めて CIA 試験が行われた 1974 年から 50 周年、また、CIA 試験が日本語化された 1999 年から 25 周年という記念すべき年でした。私が CIA 資格を取得した 1999 年当時の累計認定者数は、全世界で 3 万人弱、日本では 20 人強でしたが、四半世紀後には、全世界で 20 万人以上、日本では 1 万 2 千人以上に上りました。これほどまでに CIA 資格の累計認定者数が増えた大きな要因の 1 つは、今世紀初めに米国で相次いだ会計不祥事の発覚を受けて 2002 年に成立した、通称「企業改革法」と呼ばれるサーベインズ・オクスリー（SOX）法の影響であり、日本でも有価証券報告書の虚偽記載が発覚する不祥事が相次いだことから 2006 年制定の金融商品取引法により内部統制報告制度（いわゆる J-SOX）が導入され 2008 年から適用されたためでしょう。これにより、「内部監査」の重要性がビジネスパーソンの中で広く認識されるようになりました。

　「内部監査」は、取締役会や経営管理者に対して、独立的な立場からリスクベースで客観的なアシュアランス、助言、インサイト、フォーサイトを提供することによって、組織体が価値を創造、保全、維持する能力を高めることを目的としています。また、その対象領域に聖域がないことから、欧米企業などでは将来の幹部候補生が経験する業務と捉えられてきた側面があります。他方、日本では、従来から遵法性や準拠性を細かくチェックする業務と捉えられてきた側面があり、また、欧米企業などと比べて実務が「ガラパコス化」しているなどと言われてきました。

　それでは、「グローバル水準の内部監査の実務を知るにはどうすればいいか」、「グローバル水準の内部監査人であることを証明する方法はあるのか」と考える時、世界中で最も広く認識されている国際資格である CIA 資格を取得することが有益であると言えるでしょう。この資格を取得するための要

i

件は世界共通であり、試験内容も世界共通です。CIA 試験で出題される問題は、グローバル水準の内部監査の実務に沿ったものです。そのため、合格に向けた学習で得た知識は、世界中で内部監査人として活躍する際に大変役立ちます。そして、何よりも魅力的なのは、このような国際資格の取得手続が、試験を含め日本語で行えることだと思います。

　本書では、第 1 部で CIA 資格認定プログラムと資格取得のための要件を説明し、第 2 部で資格取得のための要件の中心である CIA 試験の詳細を明らかにします。CIA 試験は 50 年以上の歴史がありますが、内部監査人協会（IIA）が定める内部監査の基準が改訂された際や内部監査の実務の変化に応じて、試験の実施方法や内容が改訂されてきました。2025 年は、1 月 9日から「グローバル内部監査基準」が適用されたことと、定期的に実施している能力分析調査の結果を反映して、CIA 試験のシラバスが改訂されました。本書は、この新シラバスに対応する形で CIA 資格取得の準備を進める際に役立てていただけます。第 3 部には、練習問題を掲載しています。さらに、付録として参考文献リストも掲載しています。

　本書をお読みいただくことで、CIA 資格取得を検討されている皆様、さらに資格取得に向けて既に取り組まれている皆様にも、CIA 資格認定プログラムに対する理解を深めていただけると思います。皆様にとって本書が、CIA 資格取得の一助となれば幸いです。

2025 年 4 月

インフィニティコンサルティング 代表
堺　咲子

目 次

はしがき

第1部 公認内部監査人（CIA）資格認定プログラムの概要

第1章 内部監査

Q1. 内部監査とは何ですか …………………………………………………… 4

Q2. 内部監査人協会（IIA）とはどのような団体ですか ………………… 8

Q3. 日本内部監査協会とはどのような団体ですか ……………………… 10

Q4. COSOとは何ですか ……………………………………………………… 12

Q5. 内部監査はどのように発展してきたのですか ……………………… 14

Q6. 内部監査人協会（IIA）の内部監査の基準とは

どのようなものですか ………………………………………………… 17

第2章 公認内部監査人（CIA）資格認定プログラム

Q7. CIA資格とはどのようなものですか ………………………………… 20

Q8. CIA資格はどの程度普及していますか ……………………………… 22

Q9. CIA資格認定プログラムの申込要件と認定要件は何ですか ……… 25

Q10. CIA資格認定プログラムに有効期限はありますか ………………… 26

Q11. CIA試験の科目と合格基準はどのようなものですか ……………… 28

Q12. CIA試験はどのように行われますか ………………………………… 29

Q13. CIA試験のシラバスとはどのようなものですか …………………… 30

Q14. 2025年版のCIA試験シラバスの変更点は何ですか ……………… 32

Q15. CIA試験シラバスの新旧比較はできますか ………………………… 34

Q16. CIA試験の学習方法にはどのようなものがありますか …………… 37

Q17. CIA資格を維持するための要件にはどのようなものが

ありますか ……………………………………………………………… 39

Q18. CIA資格の認定状はどのように入手できますか …………………… 42

Q19. IIA認定資格の公開登録制度とはどのようなものですか ………… 43

第2部　公認内部監査人（CIA）資格認定試験の詳細

第1章　パート1「内部監査の基本」

Q20.　パート1ではどのようなトピックが出題されますか　……………… 48

Q21.　パート1の新旧シラバスの比較はできますか　……………… 50

Q22.　パート1 セクションAのシラバスと関連する基準や参考文献を
教えてください　……………………………………………………… 51

Q23.　パート1 セクションBのシラバスと関連する基準や参考文献を
教えてください　……………………………………………………… 55

Q24.　パート1 セクションCのシラバスと関連する基準や参考文献を
教えてください　……………………………………………………… 58

Q25.　パート1 セクションDのシラバスと関連する基準や参考文献を
教えてください　……………………………………………………… 61

第2章　パート2「個々の内部監査業務」

Q26.　パート2ではどのようなトピックが出題されますか　……………… 64

Q27.　パート2の新旧シラバスの比較はできますか　……………… 65

Q28.　パート2 セクションAのシラバスと関連する基準や参考文献を
教えてください　……………………………………………………… 66

Q29.　パート2 セクションBのシラバスと関連する基準や参考文献を
教えてください　……………………………………………………… 70

Q30.　パート2 セクションCのシラバスと関連する基準や参考文献を
教えてください　……………………………………………………… 73

第3章　パート3「内部監査部門」

Q31.　パート3ではどのようなトピックが出題されますか　……………… 76

Q32.　パート3の新旧シラバスの比較はできますか　……………… 78

Q33.　パート3 セクションAのシラバスと関連する基準や参考文献を
教えてください　……………………………………………………… 83

Q34.　パート3 セクションBのシラバスと関連する基準や参考文献を
教えてください　……………………………………………………… 86

Q35. パート3 セクションCのシラバスと関連する基準や参考文献を
教えてください ……………………………………………………… 88

Q36. パート3 セクションDのシラバスと関連する基準や参考文献を
教えてください ……………………………………………………… 90

第**3**部　**練習問題**

CIAパート1　模擬問題　………………………………………………… 94

CIAパート2　模擬問題　………………………………………………… 115

CIAパート3　模擬問題　………………………………………………… 135

付　録　**参考文献リスト**

第 **1** 部

公認内部監査人（CIA）
資格認定プログラムの概要

第 1 章

内部監査

1 内部監査とは何ですか

内部監査人協会(1)（The Institute of Internal Auditors：略称IIA）が定める「グローバル内部監査基準™(2)」の用語一覧では、内部監査（internal auditing）を次のように定義しています。

> 組織体に価値を付加し組織体の業務を改善することを目的とした、独立にして客観的な、アシュアランス業務及びアドバイザリー業務。内部監査は、ガバナンス、リスク・マネジメント及びコントロールの各プロセスの有効性を評価、改善するための体系的で、専門職として規律ある手法を用いて、組織体が目標を達成するのを支援する。

同基準のドメインⅠ「内部監査の目的」は「パーパス・ステートメント」として、次のように述べています。

> 内部監査は、取締役会及び経営管理者に、独立にして、リスク・ベースで、かつ客観的なアシュアランス、助言、インサイト及びフォーサイトを提供することによって、組織体が価値を創造、保全、維持する能力を高める。
> 内部監査は、組織体の以下の事項や機能を強化する。
> ・ 目標の成功裏な達成
> ・ ガバナンス、リスク・マネジメント及びコントロールの各プロセス
> ・ 意思決定及び監督
> ・ ステークホルダーからの評判と信頼性
> ・ 公共の利益に資する能力
> 内部監査は、次のような場合に最も効果的である。
> ・ 能力のある専門職が、公共の利益に資するように設定された「グロー

バル内部監査基準」に適合して実施する。
・ 内部監査部門が、取締役会に対して直接の説明責任を負い、独立した位置付けにある。
・ 内部監査人が、不当な影響を受けることなく、客観的な評価を行うことにコミットする。

さらに、日本内部監査協会[3]は、内部監査の本質として次のように述べています。

内部監査とは、組織体の経営目標の効果的な達成に役立つことを目的として、合法性と合理性の観点から公正かつ独立の立場で、ガバナンス・プロセス、リスク・マネジメントおよびコントロールに関連する経営諸活動の遂行状況を、内部監査人としての規律遵守の態度をもって評価し、これに基づいて客観的意見を述べ、助言・勧告を行うアシュアランス業務、および特定の経営諸活動の支援を行うアドバイザリー業務である。

これらからわかるように、内部監査とは、組織体内部の者が独立した立場で、組織体に価値を付加し目標達成を支援するために行うアシュアランス業務とアドバイザリー業務です。なお、IIA の「グローバル内部監査基準」は、用語一覧で、アシュアランス、アシュアランス業務、アドバイザリー業務を次のように定義しています。

1 アシュアランス

ある問題、状況、対象事項又はレビューの対象となる活動に関する、組織体のガバナンス、リスク・マネジメント及びコントロールの各プロセスについて、確立された規準と比較することにより、ステークホルダーの信頼度を高めることを目的とした表明。

第1章 内部調査 5

2　アシュアランス業務

　内部監査人が客観的な評価を行い、アシュアランスを提供する業務。アシュアランス業務の例としては、コンプライアンス、財務、業務、又はパフォーマンス、及びテクノロジーに関する個々の内部監査業務がある。内部監査人は、実施する手続の性質、時期及び程度に応じて、限定的又は合理的なアシュアランスを提供してもよい。

3　アドバイザリー業務

　内部監査人が、アシュアランスを提供したり、管理責任を負ったりすることなく、組織体のステークホルダーに助言を提供する業務。アドバイザリー業務の内容と範囲は、関連するステークホルダーとの合意に基づいて決定される。例として、新しい方針、プロセス、システム及び製品の設計や導入に関する助言、フォレンジック業務の提供、教育研修の提供、並びにリスクとコントロールに関する議論のファシリテーションなどがある。「アドバイザリー業務」は「コンサルティング業務」とも呼ばれる。

　内部監査は、日本をはじめ多くの国々で法定監査ではなく任意監査です。但し、ソフトロー (4) で、内部監査部門の設置を求めるケースが増えています。なお、日本内部監査協会は、内部監査と法定監査との関係について、次のように述べています。

> 　わが国の法律に基づく監査制度としては、金融商品取引法による公認会計士または監査法人の監査、会社法等による監査役または監査委員会の監査、会計監査人の監査、民法による監事監査、地方自治法による監査委員および包括外部監査人の監査、会計検査院の検査等々がある。これらの監査は、内部統制の適切な整備・運用を前提としている。内部監査は、法定

6　第1部　公認内部監査人（CIA）資格認定プログラムの概要

監査の基礎的前提としてのガバナンス・プロセス、リスク・マネジメントおよびコントロールを独立的に検討および評価することにより、法定監査の実効性を高める一方で、必要に応じて、法定監査の結果を内部監査に活用しなければならない。これによって、内部監査と法定監査は相互補完的な関係を維持することができる。

---

(1) 本書 8 ページ参照。

(2) 本書 17 ページ参照。

(3) 本書 10 ページ参照。

(4) 法的な強制力がないにもかかわらず、現実の経済社会において国や企業が何らかの拘束感をもって従っている規範のことで、コーポレートガバナンス・コード、スチュワードシップコード、証券取引所規則、監査基準委員会報告書等が挙げられる。

2 内部監査人協会（IIA）とはどのような団体ですか

内部監査人協会（The Institute of Internal Auditors：略称 IIA）は、V.Z.Brink 氏、R.B.Milne 氏、J.B.Thurston 氏の 3 名が設立委員となって、1941 年 11 月 17 日に米国ニューヨーク州で設立され、12 月 9 日に第 1 回の年次会議が開催されました。

2024 年末時点での国際本部所在地は、米国フロリダ州レイクメリーで、110 以上の国と地域に代表機関（Institute）があります。会員は個人単位で登録され、2024 年末時点で、170 以上の国と地域から 250,000 名以上が登録しています。

IIA は、内部監査専門職に関する提唱者、教育機関並びに基準、ガイダンス及び各種認定資格の提供者として、世界で最も広く認識されており、指導的役割を担っています。また、IIA は、トレッドウェイ委員会支援組織委員会（COSO (5)）を構成する 5 団体の 1 つです。

IIA の主な活動内容には、次のようなものがあります。
- 国際的なスケールでの内部監査専門職としての啓発活動
- 内部監査の実務基準の策定
- 公認内部監査人（Certified Internal Auditor：略称 CIA）等の資格認定
- 内部監査、内部統制及び関連諸問題の世界的な知識や情報の会員及び社会への普及・啓発活動
- 会員、その他に対して世界各国の内部監査実務に関する教育のための会議開催

また、IIA の教育と研究を支援するための財団として、内部監査財団 (Internal Audit Foundation) があります。内部監査財団は IIA の一部として機能し、教育機関への資金提供、研究者の支援、内部監査専門書籍の出版などを通じて、内部監査の発展に貢献しています。

> **余談ですが……**
>
> 　IIA 設立後の第 1 回年次会議の開催日である 1941 年 12 月 9 日は真珠湾攻撃の翌日で、会議参加者は会議終了後も居残って、ルーズベルト大統領による対日宣戦布告演説のラジオ放送に聞き入ったそうです。

---

(5) 本書 12 ページ参照。

3 日本内部監査協会とはどのような団体ですか

公認内部監査人（CIA）をはじめとするIIA認定資格に関する日本での運営は、日本内部監査協会が行っています。IIAの認定資格に関する情報は随時更新されるため、本書に掲載した情報を含めた最新情報については、日本内部監査協会のウェブサイト（https://wsg.iiajapan.com/leg/index.html）をご確認ください。

日本内部監査協会は、1957年10月に、「日本内部監査人協会」として設立されました。その後、1958年1月に現在の「日本内部監査協会」に名称を変更しました。また、この年に、内部監査人の国際的専門職業団体であるIIAの東京支部を設立しました。1986年に、日本内部監査協会にIIA東京支部を統合しIIAの国別代表機関となり、2007年7月には、社団法人として許可され、さらに新公益法人制度に対応して2013年4月に「一般社団法人日本内部監査協会」となりました。

同協会の設立目的は、「内部監査及び関連する諸分野についての理論及び実務の研究、並びに内部監査の品質及び内部監査人の専門的能力の向上を推進するとともに、内部監査に関する知識を広く一般に普及することにより、わが国産業、経済の健全な発展に資すること」です。

会員は、民間企業、官公庁、公共事業体等のあらゆる組織体の内部監査や、内部監査関連業務の従事者と学識経験者等で構成されており、正会員、IIA個人会員、名誉会員に区分され、2024年3月31日現在、会員数は計11,869名です。事務局は、東京都中央区京橋3丁目に本部が置かれています。

日本内部監査協会の主要な事業活動は、次のとおりです。

1 内部監査士など本会所定の資格の認定

2 全国大会、講演会、研究会、研修会、懇談会、委員会などの開催

3 内部監査に関する指針及び資料の作成並びにその普及

4 内部監査の発展に寄与した組織体及び刊行図書・文献の表彰並びに研究助成

5 内部監査関連情報及び資料の収集、研究調査並びにその配布

6 機関誌、図書その他の印刷物の編集及び刊行

7 国際的な内部監査人の組織である内部監査人協会（The Institute of Internal Auditors, Inc. ／略称 IIA）と連携しての国際活動

8 内部監査に関する相談・支援

9 内外関係団体との連絡及び提携

10 国会、関係省庁、関係団体などへの建議又は答申

11 その他本会の目的を達成するために必要な事業

4　COSOとは何ですか

　COSOとは、「The Committee of Sponsoring Organization of the Treadway Commission（これまでトレッドウェイ委員会を支援していた組織団体の委員会）」の略称です。

　米国では、1980年代半ばに多数の企業不正が発覚したことから、1985年に「不正な財務報告に関する全米委員会」が設立されました。同委員会は、委員長のジェームス・C・トレッドウェイ・ジュニア氏の名前から「トレッドウェイ委員会」とも呼ばれており、企業会計や監査にかかわる以下の5つの民間団体に支援されていました。

- 米国会計学会（AAA）
- 米国公認会計士協会（AICPA）
- 国際財務担当経営者協会（FEI）
- 全米会計人協会（NAA）後に、管理会計士協会（IMA）と改称
- 内部監査人協会（IIA）

　同委員会は、1987年に会計不正の予防、発見、対応について、「49の改善勧告」を公表しました。その中には、「内部統制について議論する後続の委員会を立ち上げるべきである」という項目もありました。この勧告を受けて再び5つの民間団体が支援して立ち上がった委員会が「COSO」と呼ばれている団体です。

　COSOは、1992年に内部統制に関する報告書「COSO Internal Control - Integrated Framework（内部統制の統合的フレームワーク）」を公表しました。このフレームワークは、2001年のエンロン事件をきっかけにサーベインズ・オクスリー（SOX）法で内部統制評価が法定化される中で、有効性評価のためのデファクトスタンダードとして大きく注目されま

した。その後、日本をはじめとする多くの国々でSOX法と類似の内部統制報告制度が導入される中で、COSOの内部統制フレームワークは広く認識され活用されてきました。2013年に改訂された同フレームワークは、5つの構成要素と17の原則で構成されています。

　COSOは、2004年に全社的リスクマネジメント（ERM）に関する報告書「COSO Enterprise Risk Management – Integrated Framework（ERM－統合的フレームワーク）」も公表しました。2017年に改訂された同フレームワークは、5つの構成要素と20の原則で構成されています。COSOのERMフレームワークは、内部統制の統合的フレームワークと同様に、広く認識され活用されています。

　COSOは、内部統制やERMに関して多数のガイダンスも公表しています。本書の巻末のCIA試験の「参考文献」の中には、COSOの2つのフレームワークと7つのガイダンスが含まれています。内部監査人は、ガバナンス、リスク・マネジメント及びコントロールの各プロセスの有効性を評価して改善するために、体系的で専門職として規律ある手法を用いて組織体の目標達成を支援する上で、COSOの上記のフレームワークやガイダンスを理解する必要があるでしょう。

第1章　内部調査　13

内部監査はどのように発展してきたのですか

　内部監査の起源は相当に古く、米国フロリダ州にあるIIA国際本部事務所の一角に開設された「内部監査ミュージアム」には、紀元前1550年頃、「最初の監査人」と呼ばれることもあるエジプト宰相ヨセフが食料を管理して約7年間の大飢饉を乗り切ったことや、紀元前1000年頃、西周王朝の文王が絹貿易から十分な利益がもたらされているかを確認するために政府の会計記録を独立した監査人にレビューさせたことなどの逸話を紹介するパネルが掲げられています。

　「監査の起源は会計の起源とほとんど等しいほどに遡る」と言われるように、会計とそれをチェックしてきた監査の歴史は大変長いようですが、ここでは、IIAの設立後から、内部監査が主に米国でどのように発展してきたかを紹介します。

　IIAが1947年に公表した「内部監査人の責任に関する意見書」によると、「内部監査とは、経営者に対する保護的かつ建設的奉仕のために、会計、財務およびその他の諸活動を検閲するところの組織内の独立的評定活動である。内部監査は他の統制の有効性を測定し、評価することによって機能するひとつの統制である。内部監査は、基本的に会計および財務事項を取り扱うが、業務上の諸問題を取り扱ってもよい」とあります。つまり、当時は、内部監査は評定活動であり、会計と財務に主眼が置かれ、業務監査は行っても

よいという考え方でした。この意見書は何度か改訂されていますが、1957年の改訂では、会計監査の延長上の内部監査から経営管理のツールであるとの認識が示されました。さらに、1971年の改訂では、それ以前の版で「会計、財務、およびその他の諸活動」とされていた部分から「会計、財務」の文言が削除されました。

　米国では、1980年代半ばに多数の企業不正が発覚したことから、1985年に「不正な財務報告に関する全米委員会（トレッドウェイ委員会）」が設立され、1987年に会計不正の予防、発見、対応について勧告を公表しました。その中には、「公開企業は、その規模や業種に適した、有能な内部監査スタッフを十分に備えた効果的な内部監査部門を維持すべきである」という勧告があり、「内部監査部門がその職能を効果的に遂行するためには、内部監査人は、監査委員会を通じて、最高経営者と取締役会からの明確な支持を得ていなければならない」と説明しています。さらに、「内部統制について議論する後続の委員会を立ち上げるべきである」という勧告もあり、これを受けてCOSOが立ち上がり、1992年に内部統制に関する報告書「内部統制の統合的フレームワーク」が公表されました。このフレームワークは、内部統制に関して経営者、取締役会、内部監査人が負う責任を明らかにしています。

　1990年代には、内部監査のかなりの部分が外部のサービス・プロバイダによってコソーシングやアウトソーシングの形で実施されるようになり、また、統制の自己評価、研修、システム導入アドバイザーなどの非伝統的な監査業務も増加していきました。内部監査人の役割や責任が拡大して変化する中で、IIAは1999年に内部監査の定義を次のように改訂しています。「内部監査は、組織体の運営に価値を付加し、また改善するために行われる、独立にして、客観的なアシュアランスおよびコンサルティング活動である。内部監査は組織体の目標の達成に役立つことにある。このため、リスク・マネジメント、コントロールおよびガバナンスの各プロセスの有効性の評価、改

第1章　内部調査　15

善を、内部監査としての体系的手法と規律遵守の態度をもって行う」。ここ
で、内部監査の目的は価値の付加であり、業務は評定や評価ではなくアシュ
アランスとコンサルティングであること、さらに、その対象は内部統制だけ
でなくガバナンスとリスク・マネジメントであると定義され、リスク・ベー
スの監査が普及して定着していきました。

　その後、2001年に米国で発覚したエンロン事件等の会計不祥事を受け
て、2002年サーベインズ・オクスリー（SOX）法が成立し、財務報告に係
る内部統制の構築と有効性の評価、さらにその監査が義務付けられると、内
部統制評価に十分な実績のある内部監査部門に、その役割が期待されていき
ました。日本でも、2000年代に入り有価証券報告書の虚偽記載が発覚する
不祥事が相次いだことから、2006年制定の金融商品取引法により内部統制
報告制度（いわゆるJ-SOX）が導入され、2008年から適用されており、そ
の評価を内部監査部門が担うケースが多く見られます。

　2013年にはCOSOの内部統制フレームワークが改訂され、内部統制の
目的の中の「財務報告」が「報告」に改訂され、財務だけでなく非財務報告
にまで拡大されました。近年では、世界中で非財務報告に係る内部統制の構
築、評価、監査が議論され制度化されつつあります。非財務報告に係る内部
統制を外部監査人が一から監査すると莫大なコストを要するとの懸念から、
非財務報告に係る内部統制評価を内部監査人に大きく期待する動きもありま
す。また、コーポレートガバナンス・コードなどのソフトローでも、内部監
査の活躍に対する期待が明記されるようになってきました。

　2025年1月9日から適用されたIIAの「グローバル内部監査基準」は、
「内部監査は、組織体が公共の利益に資する能力を強化する」とも述べてお
り、これまでになく大きな役割と責任を果たすべく発展していこうとしてい
ます。

16　第1部　公認内部監査人（CIA）資格認定プログラムの概要

6 内部監査人協会（IIA）の内部監査の基準とはどのようなものですか

内部監査の国際的な専門職団体であるIIAは、1978年6月に初めて「内部監査の専門職的実施の基準」を公表しました。その後、数回の改訂を経て2024年に公表された「グローバル内部監査基準(6)」は、25の言語で利用可能であり、2025年1月9日より適用されています。同基準は、15の原則を通じて、より明確に内部監査人が高品質の業務を実施できるよう設計されています。各々の原則は複数の基準でサポートされており、基準には要求事項、実施に当たって考慮すべき事項及び適合していることの証拠の例が含まれています。これらの要素は、内部監査人が原則を実現し、「内部監査の目的」を達成することを支援しています。

IIAの国際内部監査基準審議会は、継続的に基準を見直して改訂する責任を負っています。基準審議会は、その厳格性、透明性及びステークホルダーへの対応を確保するため、基準制定プロセスを見直しました。これにより、公共に資する基準の整備に一層注力するとともに、内部監査基準の将来に関心を持つステークホルダーからの意見を募集し、慎重に検討する体制が強化されました。IIAは、基準を制定するために、以下のようなガバナンス・フレームワークを確立しています。

- バランスがとれ、多様性に富み、メンバーの国際性を重視した、国際内部監査基準審議会の恒久的な体制
- 内部監査専門職の大幅な変化に対応し、ステークホルダーに対する透明性と有意義な説明責任を同時に確保するために、タイムリーで、適切で、質の高い基準の策定を促進する正当な手続

・ 基準審議会が健全なガバナンスと適正な手続を遵守し、すべてのステークホルダーからの意見を考慮し、公益に資することを確保するため、独立した監督委員会（IPPF 監督委員会）による独立した監督

　IPPF 監督委員会は、国際会計士連盟（IFAC）、最高監査機関国際機構（INTOSAI）、全米取締役協会（NACD）、経済協力開発機構（OECD）、世界銀行の代表者で構成されています。IPPF 監督委員会は IIA とともに、2022 年 3 月に「公共の利益に資する内部監査基準の制定に関するフレームワーク（Framework for Setting Internal Audit Standards in the Public Interest [7]）」を公表しています。

---

(6) https://www.theiia.org/globalassets/site/standards/editable-versions/global-internal-audit-standards-japanese.pdf

(7) https://www.theiia.org/globalassets/site/standards/ippfoc_framework-standard-setting-in-public-interest_final.pdf

第 2 章

公認内部監査人（CIA）
資格認定プログラム

7 CIA 資格とはどのようなものですか

　CIA 資格認定制度は、IIA が 1973 年に創設したもので、内部監査人向けの唯一の国際認定資格として広く認識されています。この資格を認定するプログラムは、3 つのパートの試験と、教育要件（学歴）や実務経験などの要件で構成されています。CIA 資格の試験は、世界中の 900 か所以上のテストセンターで、コンピュータベースで実施されており、日本語をはじめ 14 の言語で受験できます。また、一部の国や地域を除き、オンライン監督での試験も実施されています。CIA 資格の世界中での累計認定者数は、2024 年に 20 万人を超えました。日本における累計認定者数は 12,000 人を超えています。

　CIA 資格を取得して保持することは、以下を証明します。
- IIA の「グローバル内部監査基準」に関する最新の知識を保有し、適切な利用法を実証できる
- 「グローバル内部監査基準」に準拠した監査業務を遂行できる
- 組織体のガバナンスを理解し、リスクとコントロールを評価するための、ツールとテクニックを適用できる
- 内部監査に必要なビジネス、IT 及び経営に関する知識を活用できる

　多くの内部監査人は、CIA 資格を取得することで、以下のことを目指しています。
- 信頼性と尊敬の念を高める
- スキルと能力を磨く
- 昇進と昇給の可能性を高める

・　理解とコミットメントを示す

余談ですが……

　　IIA の 2018 年北米内部監査動向調査によると、回答した内部監査リーダーの 84% は、CIA 資格が内部監査業務に価値をもたらすと信じており、70% は、CIA 資格保持者を採用したいと回答しています。

CIA 資格はどの程度普及していますか

　CIA 資格認定プログラムは、創設当初は英語のみで実施されていましたが、内部監査の国際的な普及・発展を受けて、英語以外の言語でもこのプログラムが実施されるようになり、2024 年末時点では 14 の言語で実施されています。CIA 資格の世界中での累計認定者数は、2024 年に 20 万人を超えました。世界中での CIA 認定者数の推移は、以下のグラフのとおりです。

【CIA 資格累計認定者数（1974 － 2024）】

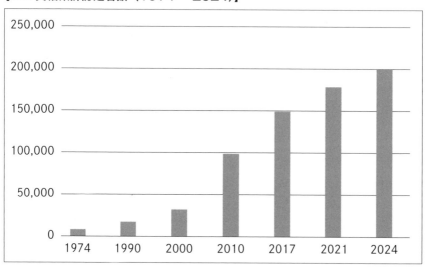

余談ですが……
　　CIA 資格の累計認定者数が最も多い国は、米国、2 番目は中国、3 番目は日本です。

また、2024年6月末時点での地域別のCIA累計認定者数は、以下のグラフのとおりです。

【地域別CIA累計認定者数】

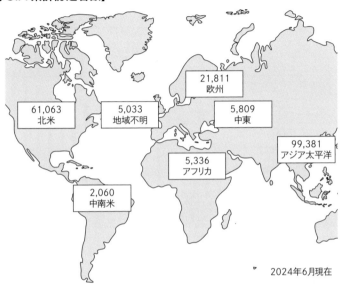

CIA資格の認定プログラムが日本語化されたのは、1999年11月からです。それ以前は、日本人も英語のプログラムに対応しなければならなかったため、日本人のCIA資格認定者数は年間で数名程度でした。プログラムが日本語化され、日本語での試験が開始された1999年11月は、受験者数が112名、合格者数は9名でした。1999年時点の日本における累計認定者数は、次ページのグラフにははっきりと映らないほど少なく、わずか二桁でしたが、プログラムの日本語化によってCIA試験の受験者数も資格認定者数も徐々に増えました。日本では、2008年に内部統制報告制度、いわゆるJ-SOXの適用が開始されましたが、それに先立つ2006年頃からCIA資格認定者数が大きく伸びました。2024年末時点での日本における累計認定者

数は 12,000 人を超えています。日本における CIA 認定者数の推移は、以下のグラフのとおりです。

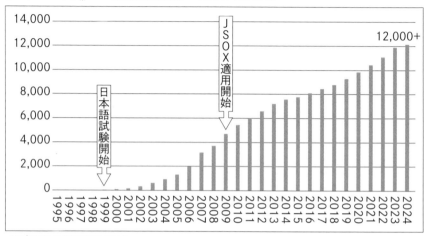

【日本における※CIA 累計認定者数　1995-2024】

※受験時の登録住所が日本

> 余談ですが……
>
> 「CIA は米国の資格だ」と批判する方がいます。確かに CIA 資格の試験問題が想定しているガバナンスモデルは、欧米で一般的なモデルかもしれません。これは、IIA の「基準」が、このようなガバナンスモデルを想定して定められていることが影響しています。しかし、グローバル化が進んだ今日では、日本企業であっても海外に現地法人があったり、海外企業を買収したりするケースがあるでしょう。また、サプライチェーンの中に、海外企業が含まれていることも多いでしょう。そのような状況を考えると、グローバルなガバナンスモデルやビジネス慣行に沿っている CIA 資格の知識は、現実の内部監査業務に有益ではないでしょうか。

9 CIA 資格認定プログラムの申込要件と認定要件は何ですか

CIA と認定されるためには、CIA 資格認定プログラムへの申込時と認定時に各要件を満たす必要があります。具体的には、教育要件（学歴）、内部監査実務経験、有効な政府発行の顔写真付身分証明書、推薦状、試験全パートの合格が必要です。求められる実務経験年数は、教育要件によって異なります。学士号以上の学位を保持しない方は、CIA 資格認定プログラム申込時点で 5 年間の内部監査実務経験がない場合、申込は出来ません。

申込要件			認定要件	
教育要件	身分証明書	推薦状	CIA 試験全パート合格	実務経験年数
修士号（大学院卒業）	✓	✓	✓	1 年間
学士号（大学卒業）	✓	✓	✓	2 年間

なお、内部監査と同等の実務経験として認められている分野は、品質のアシュアランス業務、リスク・マネジメント、コンプライアンス、外部監査、内部統制、その他の監査や評価業務です。

CIA 資格認定プログラムへの申込に当たっては、すべての申込要件（学歴証明の証拠書類、推薦状、顔写真付身分証明書）を IIA に提出して承認を受けなければなりません。CIA 資格認定プログラム申込が承認されると、承認日からすべての認定要件を満たすまでに 3 年間の有効期限が付与されます。なお、この有効期限は、1 回のみ有料で 1 年間の延長が可能です。

 **CIA 資格認定プログラムに有効期限はありますか**

CIA 資格認定プログラムには、いくつかの有効期限が設定されています。

1 初期登録の有効期限

　初めて CIA 資格認定プログラムの申込をして登録料の支払いを完了すると、IIA 国際本部からメールが送信されます。このメールの受信後、180 日の有効期限が自動的に設定されます。初期登録の開始後 90 日以内に顔写真付身分証明書と学歴を証明する書類を IIA のシステムにアップロードして承認されなければなりません。180 日以内に登録手続を開始しなかった場合、あるいは登録手続開始後 90 日以内に初期登録が完了しなかった場合は失効となり、改めて登録料の支払いが必要です。

2 CIA 資格認定プログラムの有効期限

　初期登録完了後、3 年以内に試験全パートの合格と、認定に必要な実務経験の承認手続が必要になります。（但し、1 回のみ有料で 1 年間の延長が可能です）。CIA 資格認定プログラムの有効期限内に試験全パートの合格と実務経験の承認手続が完了しない場合は、合格した試験パートが失効となり、改めて初期登録の手続から進めることになります。

3 CIA 試験の有効期限

　受験する試験パートの受験料支払い手続が完了すると、IIA 国際本部から当該パート受験登録受付完了のメールが送信されます。メールを受信す

ると、180日の有効期限が自動的に設定され、180日以内にIIAのシステムで受験登録をすることになります。登録後、新たに180日の受験可能期間が設定され、その期間内に当該パートの試験を受験します。期間内に受験をしなかった場合は失効となり、改めて受験料の支払いが必要です。なお、受験登録したパートの試験の有効期限は、1回のみ有料で75日間の延長が可能です。

11 CIA 試験の科目と合格基準はどのようなものですか

　CIA 試験の科目は 3 パートで、2025 年 5 月 28 日（日本語は 7 月 28 日）から開始される試験に適用されるシラバスでは、パート 1 が「内部監査の基本」、パート 2 が「個々の内部監査業務」、パート 3 が「内部監査部門」という名称です。出題形式は四肢択一で、記述問題や小論文はありません。問題数はパート 1 が 125 問、パート 2 とパート 3 は各 100 問、試験時間はパート 1 が 2 時間 30 分、パート 2 とパート 3 は各 2 時間です。CIA 試験は 1 パートずつ受験することも、複数パートを同一日に受験することも可能です。

　CIA 試験パートごとの素点、すなわち正答数は、250 から 750 までのポイントに換算されます。CIA 試験の合格には、換算ポイントで 600 以上が必要です。

12 CIA試験はどのように行われますか

　CIA試験は、コンピュータベースの試験（CBT）で行われており、IIAが契約している試験運営会社ピアソンVUE社のテストセンターで、通年受験が可能です。同社のテストセンターは、2024年末時点で世界中に900以上あります。日本国内では、2024年12月時点で、札幌、仙台、東京、横浜、名古屋、大阪、徳島、高松、新居浜、広島、福岡、那覇のテストセンターでの受験が可能です。世界中のどこのテストセンターでも、日本語での受験が可能です。CIA試験は3パートで構成されていますが、パートごとの受験が可能です。

　また、新型コロナウイルス感染症のパンデミックをきっかけに、IIAは2020年から一部の国や地域を除き、受験者が自宅や職場でCIA試験を受験できるように、オンライン監督試験を採用しています。オンライン監督試験の場合、事前にシステムテストや受験スペースの準備などが必要です。オンライン監督試験の予約時には、ピアソンVUE社から手数料が請求されます。

　なお、試験結果は、試験終了24時間後以降にIIAのシステムにアクセスしてスコアレポートで確認できます。不合格の場合は、点数と改善が必要な分野が示されます。また、試験結果はメールでも通知されます。

13 CIA試験のシラバスとはどのようなものですか

　シラバスとは、試験でカバーされるトピック分野をまとめた概要です。CIA試験のシラバスは、3つのパートに分かれており、試験で出題される内容を確認するためのガイドとなります。

　IIAは、CIA試験のシラバスによって試験内容が常に最新かつ妥当に保たれるよう、定期的に能力分析調査を実施しています。IIAは、世界中のCIA資格認定候補者、CIA資格保持者、学識経験者、経験豊富な内部監査専門家、その他のステークホルダーに働きかけて、今日の内部監査専門家にとって最も関連性の高い知識、スキル、能力を特定しています。最新調査は、2023年に12の言語で実施され、2,300以上の回答を得ました。IIAは調査の独立性を確保するために、心理学や統計学の専門家である外部のサイコメトリシャンと契約して分析を依頼しました。その結果、CIA試験シラバスの改訂の必要性が確認されました。さらにIIAは、2024年には既存の試験データの分析を行い、CIA試験の妥当性と信頼性を向上させる機会が明らかになりました。これらの分析に基づき、IIAの専門職資格審議会は、2024年8月に2025年版としてCIA試験シラバスの大幅な改訂を承認しました。改訂にあたって考慮した事項は、次のとおりです。

- IIAの「グローバル内部監査基準」に適合させること
- 現在のグローバルな内部監査実務に適合させること
- CIA資格認定候補者が持つべき知識、スキル及び能力を明確にすること
- 急速に進化する内部監査の実務に最も関連する概念に焦点を当てること
- 3つのパートの試験内容の重複等を最小限にすること

なお、2025 年 5 月 28 日（日本語は 7 月 28 日）から開始される試験に適用されるシラバスは、本書の第 2 部に掲載しています。

14　2025年版のCIA試験シラバスの変更点は何ですか

　IIAは、CIA試験のシラバスによって試験内容が常に最新かつ妥当に保たれるよう、定期的に能力分析調査を実施して、シラバスを改訂しています。直近では、2025年5月28日（日本語は7月28日）から開始される試験に適用されるシラバス改訂が行われました。2025年5月27日（日本語は7月27日）までは、改訂前のシラバス内容で試験が行われます。また、2025年5月28日（日本語は7月28日）以降は、改訂前のシラバス内容での試験は受けられません。

　この2025年版シラバスについて、まず、旧シラバスから変更されていない点を説明します。CIA試験は、3つのパートで構成されていますが、各パートの試験問題数は変わりません。すなわち、パート1は125問、パート2とパート3は各100問です。

　各パートの試験時間も変わりません。すなわち、パート1は2時間30分、パート2とパート3は各2時間です。

　合格点についても、変わりません。CIA試験パートごとの素点、すなわち正答数は、250から750までのポイントに換算されます。CIA試験の合格には、換算ポイントで600以上が必要となりますが、これは、シラバス改訂後も同じです。

　また、シラバスが改訂されても、CIA資格認定プログラムの他の要件は変わりません。すなわち、CIA資格認定プログラムの申込に当たっては、教育要件を満たしていることと推薦状が必要であり、認定要件としては、CIA試験の全パートに合格することと、教育要件に従って定められた実務経験を満たしていることが必要です。

次に、変更点を説明します。2025年版への改訂では、CIA試験を現在の内部監査におけるグローバルな実務に適合させ、CIA試験のシラバスをIIAの新しい「グローバル内部監査基準」に適合させるために、シラバスのトピックを変更し、また、各トピックがパート内に占める割合も変更しました。

　マイナーな変更点としては、旧シラバスで「ドメイン」と呼んでいたものが「セクション」に変わっています。これは、「グローバル内部監査基準」が5つのドメインで構成されていることから、混乱を避けるためにCIA試験のシラバスでは各パートの小項目を「セクション」と呼び変えています。

　旧シラバスでは、「認識レベル」として「基本レベル」と「熟達レベル」が設けられ、シラバスの各トピックについて受験者に期待する認識レベルが示されていました。しかし、2025年版シラバスでは、これが廃止されました。その理由は、シラバスの各トピックについて、より詳細かつ具体的な説明が追加されたためです。これにより、各トピックで何が問われているかが、より分かりやすくなっていますので、期待する認識レベルを示す必要がなくなりました。

 CIA 試験シラバスの新旧比較はできますか

2025年版として公表されたシラバス（新）と、それ以前のシラバス（旧）を比較すると、以下のようになります。

旧シラバス		パート	新シラバス	
内部監査に不可欠な要素		1	内部監査の基本	
I	内部監査の基礎		A	内部監査の基礎
II	独立性と客観性		B	倫理と専門職としての気質
III	熟達した専門能力および専門職としての正当な注意			
IV	品質のアシュアランスと改善のプログラム			
V	ガバナンス、リスク・マネジメントおよびコントロール		C	ガバナンス、リスク・マネジメント及びコントロール
VI	不正リスク		D	不正リスク
内部監査の業務		2	個々の内部監査業務	
I	内部監査部門の管理		A	個々の内部監査業務の計画策定
II	個々の業務に対する計画の策定		B	情報の収集、分析及び評価
III	個々の業務の実施		C	個々の内部監査業務の監督及びコミュニケーション
IV	個々の業務の結果の伝達およびション直状況のモニタリング			
内部監査のためのビジネス知識		3	内部監査部門	
I	ビジネス感覚		A	内部監査部門の運営
II	情報セキュリティ		B	内部監査の計画
III	情報技術（IT）		C	内部監査部門の品質
IV	財務管理		D	個々の内部監査業務の結果とモニタリング

パート1の名称は、「内部監査に不可欠な要素」から「内部監査の基本」に変わっています。新シラバスでは、内部監査の基礎、倫理と専門職としての気質、ガバナンス、リスク・マネジメント及びコントロール、不正リスクがパート1でテストされます。

　パート2の名称は、「内部監査の実務」から「個々の内部監査業務」に変わっています。新シラバスでは、個々の内部監査業務の計画策定、情報の収集、分析及び評価、個々の内部監査業務の監督及びコミュニケーションがテストされます。

　パート3の名称は、「内部監査のためのビジネス知識」から「内部監査部門」に変わっています。新シラバスでは、内部監査部門の運営、内部監査の計画、内部監査部門の品質、個々の内部監査業務の結果とモニタリングがテストされます。この最後の「個々の内部監査業務の結果とモニタリング」は、内容的にはパート2「個々の内部監査業務」の最後に相当するものですが、パート2に含まれる内容がとても多いため、パート3の中でテストされます。

　ところで、旧パート3のシラバスは、トピックが多岐にわたっており、「内部監査には関係ないのではないか」という声を聞くこともありました。しかし、旧パート3で扱っていた知識は、内部監査人にとって大変重要です。これは、「グローバル内部監査基準」の中でも明記されています。

　「グローバル内部監査基準」の「基準3.1 専門的能力」は、実施に当たって考慮すべき事項の中で、「内部監査人は、以下のような専門的能力を開発すべきである」として、次の項目を挙げています。

・ コミュニケーション及び協働
・ ガバナンス、リスク・マネジメント及びコントロールの各プロセス
・ 財務管理や情報技術などのビジネス機能
・ 不正などの蔓延するリスク
・ データの収集、分析及び評価のためのツールとテクニック

第2章　公認内部監査人（CIA）資格認定プログラム　35

- 様々な経済的、環境的、法的、政治的及び社会的状況によるリスクと潜在的影響
- 組織体、セクター及び業界に関連する法令、規則及び慣行
- 組織体や内部監査に関連する傾向及び新たな課題
- 監督及びリーダーシップ

　さらに、この基準では、「専門的能力を開発し発揮するために、内部監査人は、次のことを行うことがある」として、その1番目に「公認内部監査人の称号、及びその他の資格など、適切な専門職の資格認定を取得すること」と述べています。

　旧パート3で問われている知識は、内部監査を行う上で大変重要であり、また、専門的能力の開発のためにCIA資格の取得が有益であることもおわかりいただけるでしょう。これらの知識は、主に、2025年版シラバスのパート2「個々の内部監査業務」とパート3「内部監査部門」の中に組み込まれてテストされます。本書の78～82ページにいくつかの例を示していますのでご参照ください。

16 CIA 試験の学習方法にはどのようなものがありますか

　CIA 試験の学習方法としては、まず、IIA が公開している CIA 試験参考文献による独学が挙げられます。本書の巻末に掲載している「参考文献リスト」のうち、IIA の「グローバル内部監査基準™」は十分に理解する必要があるでしょう。また、内部監査財団が発行している「Internal Auditing: Assurance & Advisory Services 5th Edition（日本語版は、内部監査 アシュアランス業務とアドバイザリー業務（第 4 版）」は、世界中の大学や大学院の内部監査の授業で教科書として広く利用されている書籍であり、欧米における一般的な内部監査実務を理解するのに大変役立ちます。巻末掲載の参考文献は、いずれも CIA 試験の参考になるだけでなく、日々の内部監査業務においても必要な知識を得るのに役立ちます。

　ある程度学習が進んだ時点で、IIA が実施している CIA 模擬試験の受験を検討してもよいかもしれません。オンライン形式の CIA 模擬試験[8]は、CIA 試験の過去問題から抜粋して出題され、受験者のスキルと知識を実践的に鍛えることができます。2024 年末現在、英語、日本語、中国語（簡体字）、アラビア語で受験できます。模擬試験では、正解と不正解の理由が示されます。受験者は各パートにつき 2 回の模擬試験を受けることができます。模擬試験の問題数は実際の CIA 試験と同じで、パート 1 は 125 問、パート 2 とパート 3 は各 100 問です。模擬試験の時間は実際の試験の 2 倍で、パート 1 は 5 時間、パート 2 とパート 3 は各 4 時間です。受験者は各問題に回答し、回答の根拠を確認する時間を確保できます。CIA 模擬試験は、パートごとに個別に購入することも、3 パートセットで購入することもできます。アクセス権は購入日から 1 年間有効です。

また、CIA 試験対策講座を設けている専門学校もありますので、独学では不安な方は対策講座の受講を検討してもよいかもしれません。通常、通信と通学のコースが用意されています。但し、独学よりは、かなり費用がかかるでしょう。

---

(8) https://www.theiia.org/en/products/certification/cia/cia-practice-questions/

17 CIA資格を維持するための要件にはどのようなものがありますか

　IIAは、CIA等のIIA認定資格の保持者を対象にした「認定資格年次更新ポリシー」を定めており、毎年資格更新手続を行うことを求めています。CIA資格の認定を受けると、資格のステータスが「有効（Active）」となり、翌年末までこのステータスが維持されます。それ以降、資格のステータスを「有効（Active）」に維持するためには、以下が必要です。

- 毎年、必要な継続的教育制度（CPE）単位（内部監査従事者は40時間、非従事者は20時間）を満たすための活動の実施
- 毎年、2時間以上の倫理研修の受講
- IIAの「基準」への適合の宣誓
- 倫理に関する宣誓
- 資格更新料の支払い

　なお、初めてCIA資格の認定を受けた年は、上記は免除されます。翌年以降は、毎年12月31日までに資格更新手続を完了できない場合、自動的に資格のステータスが「有効（Active）」から「資格停止の猶予期間[Inactive (Grace-period)]」になります。「資格停止の猶予期間[Inactive (Grace-period)]」ステータスが24か月超継続した場合は、自動的に「資格取消（Revoked）」となります。「資格取消（Revoked）」となった場合は、認定状は直ちに無効となり、CIAの称号は使えなくなります。すなわち、CIAであると名乗ることや名刺等に記載することもできません。「再認定」されるためには、CIA資格認定プログラムへ再申込してパート1の試

験に合格する必要があります。

なお、CIA 資格のステータスには、以下の 4 種類があります。

ステータス	定義	CIA という称号の使用
有効（Active）	資格が認定され、かつ必要な CPE を報告した者	IIA の認定資格公開登録簿 (9)、名刺、その他の文書に CIA と記載できる
資格停止の猶予期間 [Inactive (Grace-period)]	前年度の CPE を報告していない者	CPE を報告するまで使用できない（名刺や書類から削除）
資格取消（Revoked）	資格停止のステータスが 24 か月超続いた者	再認定されるまで使用できない（名刺や書類から削除）
退職者（Retired）	既に引退している者	再認定されるまで使用できない

CPE として認定される活動には、以下があります。

CPE 認定活動のカテゴリー	積算上限単位
CIA 資格対象分野に関する研修の受講	40
IIA 認定資格以外の会計や監査に関連する資格の取得（例：公認会計士、不正検査士）	40
公表文献の執筆や寄稿	25
公表文献の翻訳	25
内部監査に関する講演活動	25
IIA 国際本部や IIA 国別代表機関、専門職団体での委員会等の活動	20
内部監査の品質評価の外部評価者としての活動	20

余談ですが……

CPE 認定活動に「公表文献の翻訳」が加えられたのは 2011 年 11 月で、IIA の専門職資格審議会の日本人委員が提案し、満場一致で承認されました。

40　第 1 部　公認内部監査人（CIA）資格認定プログラムの概要

IIA は毎年、無作為に認定資格の保持者を抽出して「CPE 監査」を実施しています。CPE 監査の対象となった場合は、IIA に CPE 単位取得の証拠資料を提出しなければなりません。指定された期限までに資料が提出できない場合や、要件が満たされていないと IIA が認めた場合は、自動的に資格のステータスが「資格取消（Revoked）」となります。CPE 監査の結果 CPE 単位の不足が明らかになった場合、対象者には 6 か月の猶予期間が与えられ、その間に不足している単位を取得し、証拠書類を IIA に提出することが認められています。万一、書類の改ざんや非倫理的行為が発覚した対象者は、IIA の倫理委員会の調査を受けることになります。

---

(9) 本書 43 ページ参照。

第 2 章　公認内部監査人（CIA）資格認定プログラム　41

18 CIA 資格の認定状はどのように入手できますか

　IIA から CIA 資格の認定を受け、CIA 資格のステータスを「有効（Active）」に維持している方は、いつでも PDF 形式の認定状が IIA のシステムからダウンロードできます。また、印刷版の認定状は、有料で IIA に発行と送付の依頼ができます。印刷版の認定状は、IIA が手配する米国内の提携業者から直接発送されます。発送から到着までに最長で 16 週間かかる場合があります。

19 IIA認定資格の公開登録制度とはどのようなものですか

　IIA認定資格の公開登録制度とは、継続的教育制度（CPE）の要件を維持しているIIA認定資格の保持者が、資格の有効性を証明して公開する最新の手法です。IIA認定資格公開登録簿は、企業の採用担当者や人材スカウト業者がIIA認定資格の有効性を確認する機会でもあります。IIAの認定資格のステータスを「有効（Active）」に維持している方は、IIA認定資格公開登録簿に任意で登録できます。資格のステータスが「有効（Active）」でない方は、IIA認定資格公開登録簿に登録できません。IIAはCIA等の認定資格保持の証明書を別途発行することはありませんので、対外的な証明書を希望される方は、IIA認定資格公開登録簿への登録を行ってください。

　IIA認定資格の公開登録簿に記載される情報は、氏名、認定番号、資格のステータス、居住国です。電子メールアドレス、住所、電話番号などの個人的な連絡先情報は登録簿には記載されません。登録は任意であり、IIA認定資格公開登録簿への記載を希望しない場合は、情報は記載されません。

第 2 部

公認内部監査人(CIA)
資格認定試験の詳細

第 1 章

パート1
「内部監査の基本」

20 パート1ではどのようなトピックが出題されますか

パート1は「内部監査の基本」という名称で、以下の4つのセクションで構成されています。

セクション	名称	構成割合
A	内部監査の基礎	35％
B	倫理と専門職としての気質	20％
C	ガバナンス、リスク・マネジメント及びコントロール	30％
D	不正リスク	15％

パート1では、その名称が示すとおり、内部監査及び内部監査に関連する基本的な事項が出題されます。

セクションA「内部監査の基礎」では、内部監査の目的、内部監査への負託事項、内部監査部門長の責任、内部監査基本規程、アシュアランス業務とアドバイザリー業務の違い、内部監査部門の独立性、組織体のリスク・マネジメント・プロセスにおける内部監査の役割などが出題されます。

セクションB「倫理と専門職としての気質」では、内部監査人の誠実性、客観性の維持と侵害、内部監査人に求められる専門能力、専門職としての正当な注意、秘密の保持などが出題されます。

セクションC「ガバナンス、リスク・マネジメント及びコントロール」では、組織体のガバナンスの概念、組織体の文化と統制環境、倫理やコンプライアンスに関する問題、リスクの種類、リスク・マネジメント、内部統制の概念とコントロールの種類、内部統制の設計、有効性及び効率性の重要性な

どが出題されます。

　セクションD「不正リスク」では、不正リスクの概念と不正の種類、個々の内部監査業務における不正リスクの考慮、不正リスクの管理、不正の予防と発見のためのコントロール、不正調査の技法と内部監査部門の役割などが出題されます。

第1章　パート1「内部監査の基本」　49

21 パート1の新旧シラバスの比較はできますか

2025年版として公表されているシラバス（新）と、それ以前のシラバス（旧）のパート1部分を比較すると、以下のようになります。

旧シラバス		新シラバス	
内部監査に不可欠な要素		内部監査の基本	
I	内部監査の基礎（15%）	A	内部監査の基礎（35%）
II	独立性と客観性（15%）	B	倫理と専門職としての気質（20%）
III	熟達した専門能力および専門職としての正当な注意（18%）		
IV	品質のアシュアランスと改善のプログラム（7%）		（パート3 セクションC-1へ）
V	ガバナンス、リスク・マネジメントおよびコントロール（35%）	C	ガバナンス、リスク・マネジメント及びコントロール（30%）
VI	不正リスク（10%）	C	不正リスク（15%）

パート1の名称は「内部監査に不可欠な要素」から「内部監査の基本」に変わっていますが、現行のシラバスと新シラバスとの間で大幅な変更はありません。但し、「グローバル内部監査基準」に合わせた形での変更はあります。また、現行シラバスでは「品質のアシュアランスと改善のプログラム」がパート1のシラバスに含まれていますが、新シラバスでは、パート3「内部監査部門」のセクションC-1「内部監査部門の品質」というトピックでテストされます。

パート1 セクションAの シラバスと関連する 基準や参考文献を教えてください

　パート1「内部監査の基本」のセクションA「内部監査の基礎」のシラバスと特に関連する基準は、以下のとおりです。なお、「グローバル内部監査基準」の特定の基準ではなく、ドメイン全般又はドメインの説明文が関連している場合は、「ドメイン全般」「ドメインの説明文」と記載しています。

	セクションA　内部監査の基礎	関連する基準
1	「グローバル内部監査基準」で示されている内部監査の目的について説明する（以下を含むが、これらに限定されるものではない） 　a．内部監査部門の目標と利点を説明する 　b．内部監査部門の有効性に寄与する状況を説明する	ドメインⅠ全般
2	内部監査への負託事項と、取締役会及び内部監査部門長の責任について説明する（以下を含むが、これらに限定されるものではない） 　a．内部監査部門の権限、役割及び責任を説明する 　b．取締役会が内部監査部門の権限を確立又は更新する際に、内部監査部門長が果たす役割を説明する 　c．内部監査部門の権限、役割及び責任を決定する際に、取締役会と最高経営者が果たす役割を説明する	基準6.1 基準6.3
3	内部監査基本規程の要件を認識する（以下を含むが、これらに限定されるものではない） 　a．「グローバル内部監査基準」の要求事項の構成要素を識別する 　b．内部監査基本規程について取締役会と最高経営者と協議することの重要性を認識する 　c．取締役会による承認の重要性を認識する	基準6.2

第1章　パート1「内部監査の基本」　51

4	内部監査部門が提供するアシュアランス業務及びアドバイザリー業務の違いを理解する（以下を含むが、これらに限定されるものではない） 　　ａ．アシュアランス業務を定義する 　　ｂ．限定的なアシュアランスと合理的なアシュアランスを区別する。 　　ｃ．アドバイザリー業務を定義する 　　ｄ．アドバイザリー業務の内容及び範囲がどのように決定されるかを説明する 　　ｅ．特定の状況下では、どのタイプの業務（アシュアランス業務又はアドバイザリー業務）が適切かを判断する	用語一覧 基準2.2 ドメインⅤ 「内部監査業務の実施」の説明文
5	内部監査部門が行うアシュアランス業務の種類を説明する（以下を含むが、これらに限定されるものではない） 　　ａ．リスク及びコントロールの評価について説明する 　　ｂ．第三者監査と契約遵守監査について説明する 　　ｃ．ITセキュリティ監査とプライバシー監査について説明する 　　ｄ．パフォーマンスの監査と品質の監査について説明する 　　ｅ．業務監査、財務監査、規制遵守監査について説明する 　　ｆ．組織文化の監査について説明する 　　ｇ．経営管理者報告プロセスの監査について説明する	ドメインⅤ 「内部監査業務の実施」の説明文
6	内部監査部門が行うアドバイザリー業務の種類を説明する（以下を含むが、これらに限定されるものではない） 　　ａ．リスク及びコントロールの研修を行う際の内部監査人の役割を説明する 　　ｂ．システムの設計と開発における内部監査人の役割を説明する 　　ｃ．デュー・ディリジェンス業務における内部監査人の役割を説明する 　　ｄ．データ・プライバシーの維持における内部監査人の役割を説明する 　　ｅ．ベンチマーキングにおける内部監査人の役割を説明する 　　ｆ．内部統制評価における内部監査人の役割を説明する 　　ｇ．プロセス・マッピングにおける内部監査人の役割を説明する	ドメインⅤ 「内部監査業務の実施」の説明文

7	内部監査部門の独立性が侵害される可能性のある状況を識別する（以下を含むが、これらに限定されるものではない） 　ａ．内部監査部門長の職務上の報告ラインが不適切な状況を識別する 　ｂ．内部監査部門の独立性を防御する取締役会の責任を説明する 　ｃ．独立性の侵害又は侵害の可能性が認識された場合に取締役会に報告することを含め、内部監査の独立性を防御し維持するための内部監査部門長の責任を説明する 　ｄ．予算の制約により、内部監査業務が制限される可能性のある状況を識別する 　ｅ．監査範囲の制約やアクセスの制限による影響を説明する	基準 7.1
8	組織体のリスク・マネジメント・プロセスにおける内部監査部門の役割を認識する（以下を含むが、これらに限定されるものではない） 　ａ．IIA の 3 ラインモデルを説明する 　ｂ．内部監査部門の独立性が侵害される可能性のある第 1 ライン及び第 2 ラインの責任を識別する 　ｃ．内部監査人が第 1 ライン又は第 2 ラインの責務を遂行する、又は遂行するとみなされる場合に実施すべき防御措置について説明する	基準 9.1

本書の巻末に記載している「参考文献」のうち、パート1のセクションA「内部監査の基礎」について学習する際に参考になる日本語の文献等には、以下のようなものがあります。

- 内部監査人協会「グローバル内部監査基準」
- 一般社団法人日本内部監査協会「内部監査　アシュアランス業務とアドバイザリー業務（第4版）」
- 一般社団法人日本内部監査協会「ソイヤーの内部監査：組織体の価値の向上と保全（第7版）上巻・下巻」
- 内部監査人協会スタンダード・ナレッジ・センター「内部監査基本規程モデルのカスタマイズガイド」
- 内部監査人協会スタンダード・ナレッジ・センター「内部監査基本規程のモデルツール」
- 内部監査人協会ポジションペーパー「IIAの3ラインモデル：3つのディフェンスラインの改訂」
- 内部監査人協会ポジションペーパー「適合はなぜ重要か—内部監査基準を満たすことは、真のアシュアランスを提供するための鍵」

23 パート1 セクションBの シラバスと関連する 基準や参考文献を教えてください

パート1「内部監査の基本」のセクションB「倫理と専門職としての気質」のシラバスと特に関連する基準は、以下のとおりです。なお、「グローバル内部監査基準」の原則の説明文が関連している場合は、「原則の説明文」と記載しています。

	セクションB　倫理と専門職としての気質	関連する基準
1	誠実性を実践により示すこと（以下を含むが、これらに限定されるものではない） 　a．倫理的ジレンマや困難な状況に直面したとき、正直さと専門職としての勇気をどのように発揮するかを説明する 　b．あらゆる状況において、適法かつ専門的な行動を実践する方法を説明する	原則1の説明文 基準1.1 基準1.2 基準1.3
2	個々の内部監査人が客観性を侵害していないかを評価する（以下を含むが、これらに限定されるものではない） 　a．自己評価のバイアスと親近性バイアスが個々の内部監査業務に与える影響を評価する 　b．利益相反を生じさせる可能性のある状況を分析する	原則2の説明文 基準2.1 基準2.2
3	客観性を促進する方針と、侵害を低減する可能性のある選択肢を分析する（以下を含むが、これらに限定されるものではない） 　a．内部監査人の再配置が必要とされる状況を評価する 　b．個々の内部監査業務の実施又は監督を外部にアウトソースすることが適切な状況を評価する 　c．侵害の開示が必要な場合を判断する 　d．贈答品、便宜及び報酬を受け取ることが不適切な状況を認識する	原則2の説明文 基準2.1 基準2.2 基準2.3

4	内部監査部門の責任を果たすために必要な知識、スキル及び能力（開発又は調達されたかを問わず）を適用する（以下を含むが、これらに限定されるものではない）	原則3の説明文 基準3.1 基準3.2
	a．効果的なメッセージ、報告、会議、プレゼンテーションを行うために、書面及び口頭によるコミュニケーションスキルを適用する	
	b．複雑な問題に対処し、革新的な解決策を見出すために、批判的思考と問題解決能力を適用する	
	c．様々な情報源から情報を収集し、様々なトピックに関する知識を広げるために、調査スキルを適用する	
	d．チームメイトやステークホルダーとの対立を管理し、効果的に協働するために、説得及び交渉スキルを適用する	
	e．信頼と信用を確立するために、関係構築スキルを適用する	
	f．進化する環境で成功するために、変更管理スキルを適用する	
	g．新しい情報を発見し、継続的な学習を促進するために、好奇心を示す	
	h．内部監査人が継続的な専門的能力開発を追求する必要性を示す状況を評価する	
5	専門職としての正当な注意を発揮する（以下を含むが、これらに限定されるものではない）	原則4の説明文 基準4.1 基準4.2 基準4.3
	a．専門職としての正当な注意には、組織体の戦略や目標の評価が含まれることを認識する	
	b．専門職としての正当な注意には、ガバナンス、リスク・マネジメント及びコントロールの各プロセスの妥当性と有効性の評価が含まれることを認識する	
	c．専門職としての正当な注意には、実施される内部監査業務の潜在的な便益に見合ったコストの評価が含まれることを認識する	
	d．専門職としての正当な注意には、重大な誤謬、不正、コンプライアンス違反及びその他のリスクの発生可能性の評価が含まれることを認識する	
	e．専門職としての懐疑心には、公正不偏の態度を保持し、情報の信頼性を批判的に評価することが含まれることを認識する	

| 6 | 個々の内部監査業務において、秘密を保持し情報を適切に利用する（以下を含むが、これらに限定されるものではない）
　a．関連する組織体の方針、手続、法令及び規制を適用する
　b．内部監査の手法を適用する
　c．プライバシーと情報の所有権への尊重を示す
　d．情報を保護するための適切な方法を適用する | 原則5の説明文
基準5.1
基準5.2 |

　本書の巻末に記載している「参考文献」のうち、パート1のセクションB「倫理と専門職としての気質」について学習する際に参考になる日本語の文献等には、以下のようなものがあります。

- ・　内部監査人協会「グローバル内部監査基準」
- ・　一般社団法人日本内部監査協会「内部監査　アシュアランス業務とアドバイザリー業務（第4版）」
- ・　一般社団法人日本内部監査協会「ソイヤーの内部監査：組織体の価値の向上と保全（第7版）上巻・下巻」
- ・　「コンプライアンス　リスクマネジメント；COSO ERM フレームワークの適用」

第1章　パート1「内部監査の基本」

24 パート1 セクションCの シラバスと関連する 基準や参考文献を教えてください

パート1「内部監査の基本」のセクションC「ガバナンス、リスク・マネジメント及びコントロール」のシラバスと特に関連する基準は、以下のとおりです。

	セクションC 「ガバナンス、リスク・マネジメント及びコントロール」	関連する基準
1	組織体のガバナンスについての概念を説明する（以下を含むが、これらに限定されるものではない） 　a．取締役会、最高経営者、内部監査部門及びその他のアシュアランス・プロバイダの役割を説明する 　b．ガバナンスのフレームワーク、原則及びモデルを認識する	基準9.1
2	組織体の文化が統制環境全体と個々の内部監査業務のリスクとコントロールに与える影響を認識する（以下を含むが、これらに限定されるものではない） 　a．組織体の文化と統制環境を定義する 　b．個々の内部監査業務のリスク及びコントロールを定義する 　c．組織体の意思決定プロセスが、組織体のガバナンス、リスク・マネジメント及びコントロールの各プロセスに与える影響を認識する	
3	倫理やコンプライアンスに関する問題を認識する（以下を含むが、これらに限定されるものではない） 　a．組織体に適用される倫理上、法律上及びコンプライアンス上の要件を識別する 　b．組織体の倫理のフレームワークにおける内部監査人の役割を認識する	
4	リスクの種類に関する基本的な概念を理解する（以下を含むが、これらに限定されるものではない） 　a．戦略、業務、財務、コンプライアンス、評判、環境、持続可能性及び社会的責任といったリスクの種類を区別する 　b．固有リスクと残余リスクを比較対照する	

5	リスク・マネジメント・プロセスの基本的な概念を理解する（以下を含むが、これらに限定されるものではない） 　a．リスク・マネジメントを定義する 　b．組織体のリスク選好とリスク許容度を認識する 　c．リスク・マネジメント・サイクルの要素を評価する 　d．識別したリスクに対する組織体の対応を評価する	
6	組織体のプロセスや部門におけるリスク・マネジメントについて説明する（以下を含むが、これらに限定されるものではない） 　a．リスク・マネジメント・プロセスの設計と有効性を評価する 　b．リスク・マネジメントのフレームワークを使用する目的と便益を説明する	
7	内部統制の概念とコントロールの種類を理解する（以下を含むが、これらに限定されるものではない） 　a．内部統制の目的を説明する 　b．予防的、発見的及び是正的などの内部統制の種類を説明して評価する 　c．リスクを低減するための適切なコントロールを提案する	
8	（財務と非財務の）内部統制の設計、有効性及び効率性の重要性を認識する（以下を含むが、これらに限定されるものではない） 　a．内部統制の設計と有効性をレビューする 　b．内部統制のフレームワークを使用する目的と便益を説明する	

　本書の巻末に記載している「参考文献」のうち、パート1のセクションC「ガバナンス、リスク・マネジメント及びコントロール」について学習する際に参考になる日本語の文献等には、以下のようなものがあります。

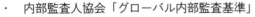

- 内部監査人協会「グローバル内部監査基準」
- 一般社団法人日本内部監査協会「内部監査　アシュアランス業務とアドバイザリー業務（第4版）」
- 一般社団法人日本内部監査協会「ソイヤーの内部監査：組織体の価値の向上と保全（第7版）上巻・下巻」

第1章　パート1「内部監査の基本」　59

- 内部監査人協会プラクティス・ガイド（GTAG）「サイバーセキュリティ・リスクの評価 3 つのディフェンスラインの役割」
- 内部監査人協会ポジションペーパー「コーポレートガバナンスにおける内部監査の役割」
- 内部監査人協会ポジションペーパー「統治機関・執行委員会における内部監査の役割」
- 内部監査人協会ポジションペーパー「信頼関係－監査委員会と内部監査のより良い関係の構築」
- COSO ガイダンス「サステナビリティ報告に係る有効な内部統制(ICSR)の実現：COSO の内部統制の統合的フレームワークによる信頼と自信の確立)
- COSO ガイダンス「コンプライアンス　リスクマネジメント；COSO ERM フレームワークの適用」
- COSO ガイダンス「クラウドコンピューティングのための全社的リスクマネジメント」
- COSO ガイダンス「人工知能の可能性を最大限に実現する」
- 同文館出版「COSO 全社的リスクマネジメント―戦略およびパフォーマンスとの統合」
- 日本会計士協会出版局「COSO 内部統制の統合的フレームワーク」

25 パート1 セクションDのシラバスと関連する基準や参考文献を教えてください

パート1「内部監査の基本」のセクションD「不正リスク」のシラバスと特に関連する基準は、以下のとおりです。

	セクションD 「不正リスク」	関連する基準
1	不正リスクの概念と不正の種類について説明する（以下を含むが、これらに限定されるものではない） 　a．不正のトライアングルの概念（動機、機会、正当化）について説明する 　　不正リスクを認識する 　b．一般的な不正スキームを識別する	
2	個々の内部監査業務において、不正リスクを特別に考慮する必要があるかを判断する（以下を含むが、これらに限定されるものではない） 　a．個々の内部監査業務の計画策定時において不正リスクを認識する 　b．重大な不正リスクさらされる可能性のあるプロセスを評価する	基準9.4 基準13.2
3	不正の可能性と、組織体が不正リスクを発見して管理する方法を評価する（以下を含むが、これらに限定されるものではない） 　a．組織体の不正リスク・マネジメントのプロセスを評価する 　b．組織体レベル及びプロセス・レベルでの危険信号を検出し、評価する 　c．個々の内部監査業務中に識別した危険信号を報告する内部監査人の役割を認識する	基準11.1 基準13.2 基準14.2

第1章　パート1「内部監査の基本」　61

4	不正の予防と発見のためのコントロールについて説明する（以下を含むが、これらに限定されるものではない） 　a．トップの姿勢が不正の発生可能性に与える影響を認識する 　b．職務分掌の適切な適用を認識する 　c．権限レベルによってどのように不正が予防されるかを認識する 　d．内部通報ホットライン、照合、監督者によるレビューなど、不正を発見するための一般的なコントロールを認識する	
5	不正調査に関連する技法と内部監査部門の役割を認識する（以下を含むが、これらに限定されるものではない） 　a．不正調査に関連する内部監査部門の役割を定義する 　b．インタビューの手法について説明する 　c．調査手法について説明する 　d．不正の検査方法について説明する 　e．内部監査人が不正調査者と連携する機会を認識し、不正調査者のリスク評価、過去の調査、調査傾向及び内部通報内容をレビューする	

　本書の巻末に記載している「参考文献」のうち、パート1のセクションD「不正リスク」について学習する際に参考になる日本語の文献等には、以下のようなものがあります。

- 内部監査人協会「グローバル内部監査基準」
- 一般社団法人日本内部監査協会「内部監査　アシュアランス業務とアドバイザリー業務（第4版）」
- 内部監査人協会プラクティス・ガイド「個々の監査業務の計画策定：不正リスクの評価」
- 内部監査人協会ポジションペーパー「不正と内部監査－不正のコントロールに対するアシュアランスは成功の基盤」
- 「不正リスク管理ガイド　第2版」（2025年出版予定）

第**2**章

パート 2
「個々の内部監査業務」

26 パート2ではどのようなトピックが出題されますか

パート2は「個々の内部監査業務」という名称で、以下の3つのセクションで構成されています。

セクション	名称	構成割合
A	個々の内部監査業務の計画策定	50％
B	情報の収集、分析及び評価	40％
C	個々の内部監査業務の監督及びコミュニケーション	10％

パート2では、個々の内部監査業務を実施する上で必要な事項が出題されます。

セクションA「個々の内部監査業務の計画策定」では、目標と範囲の設定、収集した情報の評価規準の決定、計画の策定、適用する手法の決定、詳細なリスク評価の完了、監査手続の決定と監査プログラムの作成、必要な資源の決定などが出題されます。

セクションB「情報の収集、分析及び評価」では、情報源の識別、収集した証拠の関連性、十分性及び信頼性の評価、テクノロジーの選択肢の評価、適切な分析手法とプロセス・マッピング技法の適用、分析的レビュー技法の適用、発見事項の重大性の評価、監査調書の作成、結論の要約と作成などが出題されます。

セクションC「個々の内部監査業務の監督及びコミュニケーション」では、業務の監督、ステークホルダーとのコミュニケーションなどが出題されます。

27 パート2の新旧シラバスの比較はできますか

2025年版として公表されているシラバス（新）と、それ以前のシラバス（旧）のパート2部分を比較すると、以下のようになります。

旧シラバス		新シラバス	
内部監査の実務		個々の内部監査業務	
I	内部監査部門の管理（20％）		（パート3セクションA，Bへ）
II	個々の業務に対する計画の策定（20％）	A	個々の内部監査業務の計画策定（50％）
III	個々の業務の実施（40％）	B	情報の収集、分析及び評価（40％）
IV	個々の業務の結果の伝達および進捗状況のモニタリング（20％）	C	個々の内部監査業務の監督及びコミュニケーション（10％）（結果とモニタリングはパート3セクションDへ）

　パート2の名称は「内部監査の実務」から「個々の内部監査業務」に変わっています。旧シラバスのパート2から移動したトピックがあります。旧シラバスのドメインI「内部監査部門の管理」は、新シラバスではパート3のセクションA「内部監査部門の運営」とセクションBの「内部監査の計画」に移動しています。さらに、旧シラバスのIV「個々の業務の結果の伝達および進捗状況のモニタリング」は、「結果とモニタリング」の部分が、パート3のセクションDに移動しており、パート3の45％を占めています。

28 パート2 セクションAのシラバスと関連する基準や参考文献を教えてください

　パート2「個々の内部監査業務」のセクションA「個々の内部監査業務の計画策定」のシラバスと特に関連する基準は、以下のとおりです。なお、「グローバル内部監査基準」の原則の説明文が関連している場合は、「原則の説明文」と記載しています。

	セクションA　個々の内部監査業務の計画策定	関連する基準
1	個々の内部監査業務の目標及び範囲を決定する（以下を含むが、これらに限定されるものではない） 　a．個々の内部監査業務の目標及び範囲を決定する際に、トピック別要求事項の適用方法を認識する 　b．規制の要求事項、組織体の戦略及び目標、ガバナンス、リスク・マネジメント及びコントロールの各プロセス、リスク選考及び許容度、内部の方針、過去の監査報告書、他のアシュアランス・プロバイダの業務並びにアシュアランス業務の提供又はアドバイザリー業務の提供かを含む、個々の内部監査業務の目標の策定において考慮すべき要素を認識する 　c．監査計画策定中に、関連する範囲の制約を識別し、文書化する 　d．ステークホルダーの要請を管理し、文書化する方法を評価する 　e．個々の内部監査業務の目標及び範囲の変更に対処するための効果的な方法を識別する	基準13.1 基準13.3
2	収集した関連情報に基づいて評価規準を決定する（以下を含むが、これらに限定されるものではない） 　a．レビューの対象となる活動を評価するための、最も適切な評価規準を識別する 　b．一連の評価規準が、具体的、実用的及び関連性のあるものであり、組織体及びレビューの対象となる活動の目標に	基準13.4

		沿っており、信頼性の高い比較を行うことができるものであるかを判断する	
3	主要なリスク及びコントロールを評価するために、個々の内部監査業務を計画する（以下を含むが、これらに限定されるものではない） 　ａ．個々の内部監査業務を計画する際、トピック別要求事項の適用方法を認識する 　ｂ．個々の内部監査業務の計画を策定する際、レビューの対象となる活動の戦略目標や、リスク・マネジメント、ビジネス・パフォーマンスの測定及びパフォーマンス管理手法の統合を認識する 　ｃ．個々の内部監査業務の計画を策定する際、既存・新規のサイバーセキュリティリスク、一般的な情報セキュリティ及び IT コントロール、IT 全般統制、IT コントロール・フレームワークを使用する目的及び便益、データプライバシーの原則並びにデータセキュリティの方針及び実務を認識する 　ｄ．個々の内部監査業務の計画を策定する際、事業の回復力、インシデント管理、ビジネス・インパクト分析及びバックアップとリカバリのテストなど、事業継続と災害復旧の準備の概念を認識する 　ｅ．個々の内部監査業務の計画を策定する際、流動資産、固定資産、短期及び長期の負債、資本並びに投資など、レビューの対象となる活動に関連する財務及び会計の概念を認識する 　ｆ．個々の内部監査業務の計画を策定する際、資産管理、サプライチェーン・マネジメント、在庫管理、買掛金、調達、コンプライアンス、第三者プロセス、顧客管理システム、エンタープライズ・リソース・プランニング・システム及びガバナンス・リスク・コンプライアンス・システムなど、一般的なビジネス・プロセスに関連する主要なリスク及びコントロールを認識する	原則 13 の説明文
4	個々の内部監査業務に適した方法を決定する（以下を含むが、これらに限定されるものではない） 　ａ．アジャイル監査、従来型監査、統合監査及びリモート監査など、様々な方法を評価し、最適な方法を決定する 　ｂ．個々の内部監査業務の計画と実施に関連するプロジェクト管理の概念について説明する	

第 2 章　パート 2「個々の内部監査業務」　67

5	レビューの対象となる各活動について、詳細なリスク評価を完了する（以下を含むが、これらに限定されるものではない）	基準 13.2
	a．リスク評価を完了する際には、トピック別要求事項の適用方法を認識する	
	b．財務、業務、IT、サイバーセキュリティ及び規制など、レビュー対象となる活動に関連する蔓延するリスクを認識する	
	c．新たに発生するリスクが組織体に及ぼす影響を認識する	
	d．識別したリスク及びコントロールを評価し、優先順位を付けるための適切な方法及び規準を決定する	
	e．人、プロセス及びシステムの変更がリスクに及ぼす影響を認識する	
	f．集中型と分散型、フラット型と従来型及び対面型とリモートワークなど、様々な組織構造や環境がリスク評価に与える影響を認識する	
	g．個人やグループの行動及びトップの姿勢など、組織文化が統制環境に及ぼす影響を認識する	
6	監査手続を決定し、個々の内部監査業務の監査プログラムを作成する（以下を含むが、これらに限定されるものではない）	基準 13.6
	a．コントロールの整備状況を評価する手続を決定する	
	b．コントロールの有効性を検証するための手続を識別する	
	c．コントロールの効率性を検証するための手続を識別する	
	d．個々の内部監査業務の監査プログラムの適切性を評価する	
	e．会計、財務、IT システム、ビジネスオペレーション又はサイバーセキュリティを含む、個々の内部監査業務におけるテスト手法を識別する	
7	個々の内部監査業務に必要な監査資源とスキルのレベルを決定する（以下を含むが、これらに限定されるものではない）	基準 13.5
	a．個々の内部監査業務に求められる財務的資源を決定する	
	b．個々の内部監査業務に求められる人的資源を決定する	
	c．個々の内部監査業務に求められるテクノロジーに係る資源を決定する	
	d．監査資源の制約がもたらす影響を評価する	

本書の巻末に記載している「参考文献」のうち、パート 2 のセクション
A「個々の内部監査業務の計画策定」について学習する際に参考になる日本
語の文献等には、以下のようなものがあります。

- ・ 内部監査人協会「グローバル内部監査基準」
- ・ 一般社団法人日本内部監査協会「内部監査　アシュアランス業務とア
  ドバイザリー業務（第 4 版）」
- ・ 一般社団法人日本内部監査協会「ソイヤーの内部監査：組織体の価値
  の向上と保全（第 7 版）上巻・下巻」
- ・ 内部監査人協会プラクティス・ガイド「カルチャーの監査（第 1 版）」
- ・ 内部監査人協会プラクティス・ガイド「サードパーティに関するリス
  ク・マネジメントの監査」
- ・ 内部監査人協会プラクティス・ガイド「リスクベースの内部監査計画
  の策定」
- ・ 内部監査人協会プラクティス・ガイド「個々の監査業務の計画策定：不
  正リスクの評価」
- ・ 内部監査人協会プラクティス・ガイド「個々の監査業務の計画策定：
  目標と範囲の設定」
- ・ 内部監査人協会プラクティス・ガイド（GTAG）「IT ガバナンスの監査」
- ・ 内部監査人協会プラクティス・ガイド（GTAG）「ビッグデータの理解
  と監査」

第 2 章　パート 2「個々の内部監査業務」　69

 **パート2 セクションBの シラバスと関連する 基準や参考文献を教えてください**

 パート2「個々の内部監査業務」のセクションB「情報の収集、分析及び評価」のシラバスと特に関連する基準は、以下のとおりです。

	セクションB　情報の収集、分析及び評価	関連する基準
1	個々の内部監査業務の目標及び手続を支援する情報源を識別する（以下を含むが、これらに限定されるものではない） 　a．インタビュー、観察、ウォークスルー及びデータ分析など、情報を入手するための適切な方法を決定する 　b．方針、チェックリスト、リスクとコントロールに関するアンケート及び自己評価調査など、情報を入手するために適切な文書を決定する	基準14.1
2	個々の内部監査業務を裏付けるために収集した証拠の関連性、十分性、信頼性を評価する（以下を含むが、これらに限定されるものではない） 　a．証拠の品質を評価する際には、適切な基準を適用する 　b．独立した情報源から直接証拠を入手すること、裏付けが取れている証拠を入手すること、有効なガバナンス、リスク・マネジメント及びコントロールの各プロセスを有するシステムから収集することなど、証拠の信頼性に影響を及ぼす要因を認識する 　c．十分な情報を得た、能力のある者が、内部監査人と同じ結論に達することを可能にする証拠を説明する	基準14.1
3	監査の発見事項と結論を導き出し、それを裏付けるために、内部監査人が使用できるテクノロジーの選択肢を評価する（以下を含むが、これらに限定されるものではない） 　a．人工知能、機械学習、ロボティック・プロセス・オートメーション、継続的モニタリング、ダッシュボード及び埋込型監査モジュールなど、効率的かつ効果的なソリューションを認識する	

4	適切な分析手法とプロセス・マッピング技法を適用する（以下を含むが、これらに限定されるものではない） 　　a．プロセス・ワークフロー・セグメントを定義する 　　b．プロセス・マッピング、ウォークスルー及び職務分担表を通じてプロセス・ワークフローを分析する 　　c．構造化・非構造化データを含むデータの種類を説明する 　　d．目的の定義、関連データの取得、データの正規化、データ分析及び結果のコミュニケーションを含むデータ・アナリティクス・プロセスを説明する 　　e．診断的分析、処方的分析、予測的分析、異常検知及びテキスト分析など、様々なデータ分析手法を使用するタイミングを判断する	
5	分析的レビュー技法を適用する（以下を含むが、これらに限定されるものではない） 　　a．比率、差異、傾向、財務・非財務情報及びベンチマーキング結果を分析する 　　b．個々の内部監査業務の目標を達成するための、適切な分析手法を決定する	基準 14.2
6	評価規準と状況との間に差異があるのかどうかを判断し、それぞれの発見事項の重大性を評価する（以下を含むが、これらに限定されるものではない） 　　a．状況を分析し、評価規準と比較する 　　b．評価規準からの逸脱の根本原因と潜在的な影響を識別する 　　c．発見事項の重大性を判断する要因を評価する	基準 14.2 基準 14.3
7	結論及び個々の内部監査業務の結果を裏付ける関連情報を含む監査調書を作成する（以下を含むが、これらに限定されるものではない） 　　a．監査調書の情報を整理する 　　b．完全かつ十分な証拠が含まれている監査調書の要素を識別する 　　c．監査調書と個々の内部監査業務の結果との関連性を分析する 　　d．規制の要求事項や内部の方針を含む、個々の内部監査業務の文書化において考慮すべき事項を決定する	基準 14.6
8	個々の内部監査業務の結論を要約し、作成する（以下を含むが、これらに限定されるものではない） 　　a．専門職としての判断を適用して、収集して評価した個々の内部監査業務の発見事項の重大性を判断する	基準 14.5

第 2 章　パート 2「個々の内部監査業務」　71

b．ガバナンス、リスク・マネジメント及びコントロールの各プロセスの有効性など、個々の内部監査業務の結論の作成において考慮すべき事項を判断する

　本書の巻末に記載している「参考文献」のうち、パート2のセクションB「情報の収集、分析及び評価」について学習する際に参考になる日本語の文献等には、以下のようなものがあります。

- 内部監査人協会「グローバル内部監査基準」
- 一般社団法人日本内部監査協会「内部監査　アシュアランス業務とアドバイザリー業務（第4版）」
- 一般社団法人日本内部監査協会「ソイヤーの内部監査：組織体の価値の向上と保全（第7版）上巻・下巻」
- 内部監査人協会プラクティス・ガイド「カルチャーの監査（第1版）」
- 内部監査人協会プラクティス・ガイド「サードパーティに関するリスク・マネジメントの監査」
- 内部監査人協会プラクティス・ガイド（GTAG）「ITガバナンスの監査」
- 内部監査人協会プラクティス・ガイド（GTAG）「ビッグデータの理解と監査」
- COSOガイダンス「人工知能の可能性を最大限に実現する」

30 パート2 セクションCのシラバスと関連する基準や参考文献を教えてください

パート2「個々の内部監査業務」のセクションC「個々の内部監査業務の監督及びコミュニケーション」のシラバスと特に関連する基準は、以下のとおりです。

セクションC 個々の内部監査業務の監督及びコミュニケーション	関連する基準
1 個々の内部監査業務の期間中、適切な監督を行う（以下を含むが、これらに限定されるものではない） 　a．個々の内部監査業務の計画の策定時を含め、個々の内部監査業務の期間中の監督方法を説明する 　b．業務分担の調整に関する監督者の責任を説明する 　c．監査調書及び個々の内部監査業務の結論のレビューに関する監督者の責任を説明する 　d．内部監査人のパフォーマンスの評価に関する監督者の責任について説明する	基準12.3
2 個々の内部監査業務の期間中、ステークホルダーとの適切なコミュニケーションを図る（以下を含むが、これらに限定されるものではない） 　a．監査計画、実地調査及び報告において、効果的なコミュニケーション方法（公式又は非公式、書面又は口頭）を決定する 　b．上申が必要な状況を識別する 　c．個々の内部監査業務についてコミュニケーションを図る適切なステークホルダーを決定する	基準11.2 基準11.3 基準11.5 基準13.1 基準15.1

第2章　パート2「個々の内部監査業務」

本書の巻末に記載している「参考文献」のうち、パート2のセクションC「個々の内部監査業務の監督及びコミュニケーション」について学習する際に参考になる日本語の文献等には、以下のようなものがあります。

- 内部監査人協会「グローバル内部監査基準」
- 一般社団法人日本内部監査協会「内部監査　アシュアランス業務とアドバイザリー業務（第4版）」
- 一般社団法人日本内部監査協会「ソイヤーの内部監査：組織体の価値の向上と保全（第7版）上巻・下巻」
- 内部監査人協会プラクティス・ガイド「カルチャーの監査（第1版）」
- 内部監査人協会プラクティス・ガイド「サードパーティに関するリスク・マネジメントの監査」
- 内部監査人協会プラクティス・ガイド（GTAG）「ITガバナンスの監査」
- 内部監査人協会プラクティス・ガイド（GTAG）「ビッグデータの理解と監査」

第 **3** 章

パート3
「内部監査部門」

31 パート3ではどのようなトピックが出題されますか

パート3は「内部監査部門」という名称で、以下の4つのセクションで構成されています。

セクション	名称	構成割合
A	内部監査部門の運営	25％
B	内部監査の計画	15％
C	内部監査部門の品質	15％
D	個々の内部監査業務の結果とモニタリング	45％

　パート3のセクションAからCでは、内部監査部門の運営、計画、品質管理に関する事項が出題されます。セクションDは、パート3「内部監査部門」というよりは、パート2「個々の内部監査業務」のプロセスの最後の部分に当たる個々の内部監査業務の結果とモニタリングに関する内容です。しかし、パート3の45％を占めるセクションD「個々の内部監査業務の結果とモニタリング」をパート2に移動すると、各パートの問題数に大きなばらつきが出てしまい、パート2の試験時間が大変長くなってしまいます。そのため、このトピックをパート3の中でテストすることになりました。

　セクションA「内部監査部門の運営」では、内部監査部門の業務の計画策定、運営、指揮及びモニタリングに関する手法、内部監査部門における資源管理、内部監査の戦略をステークホルダーの期待に整合させるために必要な主な要素、ステークホルダーとの関係構築とコミュニケーションなどが出題されます。「内部監査の戦略」という言葉がCIA試験のシラバスに登場する

のは初めてですが、これは、「グローバル内部監査基準」の基準9.2を反映しています。「内部監査の戦略」では、以下のような内容の理解が求められています。

- 内部監査の戦略が組織体の事業戦略とリスク・マネジメントの業務を支援する方法
- 内部監査部門の使命とビジョン・ステートメントの目的
- 内部監査資源の計画を内部監査の戦略と整合させる方法
- 内部監査のレビュー及び改訂を正当化する状況

セクションB「内部監査の計画」では、実施する可能性のある個々の内部監査業務の情報源の識別、リスク・ベースの監査計画策定のプロセス、他のアシュアランス・プロバイダとの連携と依拠などが出題されます。

セクションC「内部監査部門の品質」では、品質のアシュアランスと改善のプログラムの要件、「グローバル内部監査基準」への不適合に関する適切な開示、内部監査の重要業績評価指標やスコアカード指標などが出題されます。

セクションD「個々の内部監査業務の結果とモニタリング」では、個々の内部監査業務の結果のコミュニケーションの特性、内部監査業務の結果における効果的なコミュニケーション、改善のための提言、改善計画の策定、個々の内部監査業務終了時のコミュニケーションと報告のプロセス、個々の内部監査業務における残余リスクの評価、リスクの受容についてのコミュニケーション・プロセス、経営管理者の改善措置計画の実施状況のモニタリングと確認などが出題されます。

第3章　パート3「内部監査部門」　77

32 パート３の新旧シラバスの比較はできますか

2025年版として公表されているシラバス(新)と、それ以前のシラバス(旧)のパート３部分を比較すると、以下のようになります。

旧シラバス		新シラバス	
内部監査のためのビジネス知識		内部監査部門	
I	ビジネス感覚（35％）	A	内部監査部門の運営（25％）
II	情報セキュリティ（25％）	B	内部監査の計画（15％）
III	情報技術（IT）（20％）	C	内部監査部門の品質（15％）
IV	財務管理（20％）	D	個々の内部監査業務の結果とモニタリング（45％）

パート３の名称は、「内部監査のためのビジネス知識」から「内部監査部門」に変わっています。旧パート３のシラバスは、多岐にわたるトピックを扱っていましたが、それらは、新シラバスのパート２「個々の内部監査業務」とパート３「内部監査部門」の中でテストされます。

旧シラバスのパート３の「内部監査のためのビジネス知識」が新シラバスのパート３に盛り込まれている例を示します。

旧シラバス （パート3 内部監査のためのビジネス知識）		新シラバス （パート3 内部監査部門）	
ドメインI-1　ビジネス感覚－組織体の 目標、行動および業績		セクションC　内部監査部門の品質	
B	一般的な業績評価方法（財務、業務、 定性対定量、生産性、品質、有効 性、その他）を検証する。	3	内部監査部門長が最高経営者や取締 役会に伝達する、内部監査の重要業 績評価指標やスコアカード指標を設 定するための、実用的な方法を認識 する（以下を含むが、これらに限定 されるものではない）。 　a．重要業績評価指標の目的を識 　　　別する 　b．業績評価指標を設定する際の 　　　主な考慮すべき事項と、目標 　　　を設定する必要性を識別する 　c．定性的及び定量的業績評価指 　　　標の両方の利点を認識する 　d．財務、業務、品質、生産性、 　　　効率性及び有効性など、内部 　　　監査部門の業績評価指標を分 　　　析する

　旧シラバスのパート3のドメインI「ビジネス感覚」の1「組織体の目標、行動および業績」の中のB「一般的な業績測定方法」というトピックは、新シラバスでは、パート3「内部監査部門」のセクションC「内部監査部門の品質」の3「内部監査部門長が最高経営者や取締役会に伝達する、内部監査の重要業績評価指標やスコアカード指標を設定するための、実用的な方法を認識する」というトピックの中でテストされます。これにより、一般的な業績測定方法は、内部監査部門の品質管理に利用する、という観点からテストされます。

　旧シラバスのパート3の「内部監査のためのビジネス知識」が新シラバスではパート2に盛り込まれている例を示します。

第3章　パート3「内部監査部門」　79

旧シラバス (パート３内部監査のためのビジネス知識)		新シラバス (パート２個々の内部監査業務)	
ドメインI-3　ビジネス感覚－データ分析		セクションB　情報の収集、分析及び評価	
A	データ分析、データの種類、データのガバナンス、および内部監査においてデータ分析を用いることの価値を説明する。	4	適切な分析手法とプロセス・マッピング技法を適用する（以下を含むが、これらに限定されるものではない）。 　a．プロセス・ワークフロー・セグメントを定義する 　b．プロセス・マッピング、ウォークスルー及び職務分担表を通じてプロセス・ワークフローを分析する 　c．構造化・非構造化データを含むデータの種類を説明する 　d．目的の定義、関連データの取得、データの正規化、データ分析及び結果のコミュニケーションを含むデータ・アナリティクス・プロセスを説明する 　e．診断的分析、処方的分析、予測的分析、異常検知及びテキスト分析など、様々なデータ分析手法を使用するタイミングを判断する
B	データ分析のプロセス（質問を明確にする、関連するデータを取得する、データのクリーニングや正規化をする、データを分析する、結果を伝達する）を説明する。		
C	データ分析手法（異常値検知、診断解析、予測解析、ネットワーク解析、テキスト解析、その他）の内部監査への適用について理解する。		
旧シラバス（パート２内部監査の実務）			
ドメイン III-2　個々の業務の実施－分析および評価			
C	適切な分析的手法およびプロセス・マッピング技法（プロセス識別、ワークフロー分析、プロセスマップの作成および分析、スパゲティ・マップ、RACI 図、その他）を適用する。		

　旧シラバスのパート３のドメインⅠ「ビジネス感覚」の３「データ分析」というトピックは、新シラバスのパート２「個々の内部監査業務」のセクションB「情報の収集、分析及び評価」の４「適切な分析手法とプロセス・マッピング技法を適用する」の中などでテストされます。つまり、データ分析というトピックを、一般的なビジネス知識としてではなく、個々の内部監査業務の実施過程で、情報を収集し、分析し、評価するために、データ・アナリティクスなどを活用していく、という捉え方をしています。

旧シラバスのパート3の45％を占めている情報セキュリティと情報技術（IT）は、新シラバスでは主にパート2とパート3でテストされます。

例えば、パート2「個々の内部監査業務」のセクションA「個々の内部監査業務の計画策定」の3のcとdは、以下のとおりです。

旧シラバス （パート3 内部監査のためのビジネス知識）		新シラバス （パート2 個々の内部監査業務）
ドメインII 情報セキュリティ		セクションA　個々の内部監査業務の計画策定
1	情報セキュリティ	3　主要なリスク及びコントロールを評価するために、個々の内部監査業務を計画する（以下を含むが、これらに限定されるものではない） 　c．個々の内部監査業務の計画を策定する際、既存・新規のサイバーセキュリティリスク、一般的な情報セキュリティ及びITコントロール、IT全般統制、ITコントロール・フレームワークを使用する目的及び便益、データプライバシーの原則並びにデータセキュリティの方針及び実務を認識する 　d．個々の内部監査業務の計画を策定する際、事業の回復力、インシデント管理、ビジネス・インパクト分析及びバックアップとリカバリのテストなど、事業継続と災害復旧の準備の概念を認識する
ドメインIII 情報技術（IT）		
1	アプリケーションおよびシステム・ソフトウエア	
2	IT インフラストラクチャーおよび IT コントロール・フレームワーク	
3	災害復旧	

上記は、旧シラバスではパート3で扱われていたIT関連のトピックを、新シラバスでは、個々の内部監査業務に組み込んでテストしようとしている例です。

旧シラバスのパート3が新シラバスのパート2でテストされる別の例は、以下のとおりです。

第3章　パート3「内部監査部門」　81

旧シラバス （パート3 内部監査のためのビジネス知識）	新シラバス （パート2 個々の内部監査業務）
ドメイン IV-1 財務管理 – 財務会計および財務	セクション A 個々の内部監査業務の計画策定
D 収益サイクル、流動資産の管理活動と会計、サプライチェーン・マネジメント（在庫評価、買掛金勘定を含む）を説明する	3 主要なリスク及びコントロールを評価するために、個々の内部監査業務を計画する（以下を含むが、これらに限定されるものではない） f．個々の内部監査業務の計画を策定する際、資産管理、サプライチェーン・マネジメント、在庫管理、買掛金、調達、コンプライアンス、第三者プロセス、顧客管理システム、エンタープライズ・リソース・プランニング・システム及びガバナンス・リスク・コンプライアンス・システムなど、一般的なビジネス・プロセスに関連する主要なリスク及びコントロールを認識する

パート３ セクションＡの シラバスと関連する 基準や参考文献を教えてください

　パート３「内部監査部門」のセクションＡ「内部監査部門の運営」のシラバスと特に関連する基準は、以下のとおりです。なお、「グローバル内部監査基準」の原則の説明文が関連している場合は、「原則の説明文」と記載しています。

	セクションＡ　内部監査部門の運営	関連する基準
1	内部監査部門の業務の計画策定、運営、指揮及びモニタリングに関する手法について説明する（以下を含むが、これらに限定されるものではない） 　ａ．内部監査業務を提供する外部のサービス・プロバイダの管理方法を説明する 　ｂ．内部監査業務のモニタリング方法を説明する 　ｃ．個々のアシュアランス業務と個々のアドバイザリー業務とのバランスをとる方法を説明する 　ｄ．内部監査の手法のレビュー及び改訂を正当化する状況を識別する	原則９の説明文 基準 9.3 基準 12.1
2	内部監査部門における財務的、人的及び情報技術に係る資源の管理について主な活動を説明する（以下を含むが、これらに限定されるものではない） 　ａ．予算プロセスの主要な手順と考慮すべき事項を概説する 　ｂ．人員採用に際しての手順と考慮すべき事項を認識する 　ｃ．様々な内部監査チームメンバーの役割と責任を識別する 　ｄ．内部監査人の研修、育成及び保持のための戦略を説明する 　ｅ．内部監査部門のパフォーマンス管理手法を説明する 　ｆ．個々の内部監査業務を実行するためのテクノロジーに係る資源に関する主要な考慮すべき事項を説明する 　ｇ．職務設計、報酬、勤務スケジュール、メンタリング、コーチング及び建設的なフィードバックなど、内部監査部門の強化につながる行動や管理手法を認識する	基準 3.1 基準 3.2 原則 10 の説明文 基準 10.1 基準 10.2 基準 10.3

3	内部監査の戦略をステークホルダーの期待に整合させるために必要な主な要素を説明する（以下を含むが、これらに限定されるものではない） 　ａ．内部監査の戦略が組織体の事業戦略とリスク・マネジメントの業務を支援する方法を説明する 　ｂ．内部監査部門の使命とビジョン・ステートメントの目的を説明する 　ｃ．内部監査資源の計画を内部監査の戦略と整合させる方法を説明する 　ｄ．内部監査の戦略のレビュー及び改訂を正当化する状況を識別する	基準9.2
4	内部監査部門長が、様々な事項について最高経営者及び取締役会との関係構築とコミュニケーションを図る責任を認識する（以下を含むが、これらに限定されるものではない） 　ａ．ステークホルダーとの公式及び非公式なコミュニケーションの重要性を説明する 　ｂ．監査計画及びその後の変更を伝達する手続と、組織体の全体戦略とどのように関連しているかを説明する 　ｃ．独立性に関する懸念事項及び重大なリスク・エクスポージャーを伝えるための手順を説明する 　ｄ．組織体のリスク・マネジメントとコントロールのプロセス全体の有効性を適時報告し、複数の個々の内部監査業務に基づく課題を識別する、内部監査部門長の責任について説明する 　ｅ．品質評価の結果、業績評価指標及び必要な改善措置の計画を伝える、内部監査部門長の責任を説明する	原則11の説明文 基準11.1

84　第2部　公認内部監査人（CIA）資格認定試験の詳細

本書の巻末に記載している「参考文献」のうち、パート3のセクションA「内部監査部門の運営」について学習する際に参考になる日本語の文献等には、以下のようなものがあります。

- 　内部監査人協会「グローバル内部監査基準」
- 　一般社団法人日本内部監査協会「内部監査　アシュアランス業務とアドバイザリー業務（第4版）」
- 　一般社団法人日本内部監査協会「ソイヤーの内部監査：組織体の価値の向上と保全（第7版）上巻・下巻」

34 パート3 セクションBのシラバスと関連する基準や参考文献を教えてください

パート3「内部監査部門」のセクションB「内部監査の計画」のシラバスと特に関連する基準は、以下のとおりです。なお、「グローバル内部監査基準」の原則の説明文が関連している場合は、「原則の説明文」と記載しています。

	セクションB 内部監査の計画	関連する基準
1	実施する可能性のある個々の内部監査業務の情報源を識別する（以下を含むが、これらに限定されるものではない） a．監査対象領域を定義するプロセスを説明する b．監査対象領域の主要な構成要素を識別する c．トピック別要求事項の適用可能性を認識する d．取締役会及び経営管理者の要請を検討するプロセスを説明する e．適用される法律上や規制上の義務を識別するプロセスを説明する f．関連する市場や業界の動向、組織体の変化、新たな課題、モノのインターネット、人工知能、ブロックチェーン、デジタル通貨・資産及びロボティック・プロセス・オートメーションなどの新たなテクノロジーを識別するプロセスを説明する g．監査周期に関する要求事項の理由を説明する	原則9の説明文 基準9.4
2	リスク・ベースの監査計画を策定するプロセスを説明する（以下を含むが、これらに限定されるものではない） a．リスク評価の手法及び優先順位付けを説明する b．監査計画を組織体の戦略、内部監査の戦略及びステークホルダーの期待と整合させるためのプロセスを説明する c．動的な監査計画を維持するために、適時に更新する必要が生じる状況を認識する	原則9の説明文 基準9.4

3	内部監査人が他のアシュアランス・プロバイダと連携し、その業務を活用することの重要性を認識する（以下を含むが、これらに限定されるものではない） 　a．内部及び外部のアシュアランス・プロバイダを識別する 　b．アシュアランス範囲を調整する例とその方法を識別する 　c．アシュアランス・プロバイダを評価し、その業務に依拠する能力を判断する規準を識別する	基準9.5

　本書の巻末に記載している「参考文献」のうち、パート3のセクションB「内部監査の計画」について学習する際に参考になる日本語の文献等には、以下のようなものがあります。

- 内部監査人協会「グローバル内部監査基準」
- 一般社団法人日本内部監査協会「内部監査　アシュアランス業務とアドバイザリー業務（第4版）」
- 一般社団法人日本内部監査協会「ソイヤーの内部監査：組織体の価値の向上と保全（第7版）上巻・下巻」
- 内部監査人協会プラクティス・ガイド「リスクベースの内部監査計画の策定」

35 パート3 セクションCの シラバスと関連する 基準や参考文献を教えてください

　パート3「内部監査部門」のセクションC「内部監査部門の品質」のシラバスと特に関連する基準は、以下のとおりです。なお、「グローバル内部監査基準™」の原則の説明文が関連している場合は、「原則の説明文」と記載しています。

	セクションC　内部監査部門の品質	関連する基準
1	品質のアシュアランスと改善のプログラムの要件について説明する（以下を含むが、これらに限定されるものではない） 　a．品質のアシュアランスの主な構成要素を認識する 　b．トピック別要求事項の適用可能性を認識する 　c．品質のアシュアランスと改善のプログラムの目的を説明する 　d．品質のアシュアランスと改善のプログラムの結果を取締役会に伝える内部監査部門長の責任を認識する 　e．内部評価と外部評価の要素を比較する 　f．品質評価者の適格性を認識する 　g．継続的モニタリング及び定期的自己評価の主要な要素を説明する	基準8.3 基準8.4 原則12の説明文 基準12.1
2	「グローバル内部監査基準」への不適合に関して適切な開示を識別する（以下を含むが、これらに限定されるものではない） 　a．状況、とられた措置、当該措置の影響及び不適合の根拠など、コミュニケーションをとるべき情報を識別する 　b．不適合を最高経営者及び取締役会に伝達するための主な手順を説明する	基準4.1 基準12.1 基準15.1
3	内部監査部門長が最高経営者や取締役会に伝達する、内部監査の重要業績評価指標やスコアカード指標を設定するための、実用的な方法を認識する（以下を含むが、これらに限定されるものではない） 　a．重要業績評価指標の目的を識別する	基準12.2

> b．業績評価指標を設定する際の主な考慮すべき事項と、目標を設定する必要性を識別する
> c．定性的及び定量的業績評価指標の両方の利点を認識する
> d．財務、業務、品質、生産性、効率性及び有効性など、内部監査部門の業績評価指標を分析する

　本書の巻末に記載している「参考文献」のうち、パート3のセクションC「内部監査部門の品質」について学習する際に参考になる日本語の文献等には、以下のようなものがあります。

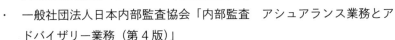

- 内部監査人協会「グローバル内部監査基準」
- 一般社団法人日本内部監査協会「内部監査　アシュアランス業務とアドバイザリー業務（第4版）」
- 一般社団法人日本内部監査協会「ソイヤーの内部監査：組織体の価値の向上と保全（第7版）上巻・下巻」

36 パート3 セクションDの シラバスと関連する 基準や参考文献を教えてください

パート3「内部監査部門」のセクションD「個々の内部監査業務の結果とモニタリング」のシラバスと特に関連する基準は、以下のとおりです。なお、「グローバル内部監査基準」の原則の説明文が関連している場合は、「原則の説明文」と記載しています。

	セクションD　個々の内部監査業務の結果とモニタリング	関連する基準
1	個々の内部監査業務の結果のコミュニケーションの特性を認識する（以下を含むが、これらに限定されるものではない） 　a．個々の内部監査業務の最終的な結果のコミュニケーションにおける、正確、客観的、明確、簡潔、建設的、完全及び適時などの用語を定義する 　b．個々の内部監査業務の結果のコミュニケーションにおいて、これらの特性の適用を認識する 　c．効果的なコミュニケーションの手法を識別する	基準 11.2 基準 11.3
2	個々の内部監査業務の結果において効果的なコミュニケーションを発揮する（以下を含むが、これらに限定されるものではない） 　a．目標、範囲、結論及び改善のための提言及び改善措置の計画など、監査報告書の主要な構成要素について説明する 　b．個々の内部監査業務の結果の最終的なコミュニケーションにおいて「グローバル内部監査基準」に適合して実施されたと記載することが受容できる場合を認識する 　c．範囲の制約を文書化する必要がある場合を識別する	基準 13.1 基準 15.1
3	改善のための提言を作成するのか、経営管理者に改善措置の計画を要請するのか、又は経営管理者と協力するかを決定する（以下を含むが、これらに限定されるものではない） 　a．個々の内部監査業務の発見事項及び改善措置の計画の策定について、経営管理者と意見が相違する場合の、内部監査人の適切な手続を認識する	基準 14.4

	b．費用便益分析の検討を含め、改善のための提言及び改善措置の計画の目的を認識する c．改善措置の計画が発見事項の根本原因に適切に対処しているかどうかを判断する	
4	個々の内部監査業務における終了時のコミュニケーションと報告のプロセスを説明する（以下を含むが、これらに限定されるものではない） 　　a．終了時のコミュニケーション（イグジット・コンファレンス）の目的と対象者を説明する 　　b．最終的なコミュニケーション及び報告をステークホルダーに示す、内部監査部門長の責任を認識する 　　c．レビュー対象の活動の経営責任者、最高経営者、取締役会、リスク・マネジメント部門、外部監査人、規制当局及び一般市民など、異なるステークホルダーとの様々なコミュニケーションの目的を認識する 　　d．経営管理者が既に解決した発見事項を報告する際の、適切な手続を認識する 　　e．最終的なコミュニケーションにおける重大な誤謬および脱漏を訂正するための、内部監査部門長の責任及び手順を説明する	基準 11.4 基準 13.1 基準 15.1
5	個々の内部監査業務における残余リスクの評価に関する内部監査部門長の責任を説明する（以下を含むが、これらに限定されるものではない） 　　a．既存のコントロールの整備状況の妥当性と有効性から評価し、残余リスクのレベルを測定する手法を認識する 　　b．発見事項を集約し、優先順位を付ける目的を説明する 　　c．個々の内部監査業務のコントロールの総合的な評価を反映するために、評定尺度を使用する目的を説明する	基準 14.3 基準 14.5
6	リスクの受容についてのコミュニケーション・プロセスを説明する（経営管理者が組織体にとって受容できないレベルのリスクを受け入れた場合）（以下を含むが、これらに限定されるものではない） 　　a．リスクが組織体にとって受容できないものかどうかを判断する方法を認識する 　　b．リスクの受容についてのコミュニケーションに適切な関係者を認識する 　　c．リスクの受容についてのコミュニケーションの適切な手順を認識する	基準 11.5

第 3 章　パート 3「内部監査部門」　91

7	経営管理者の改善措置の計画の実施状況をモニタリング及び確認するプロセスを説明する（以下を含むが、これらに限定されるものではない） 　a．経営管理者の改善措置のフォローアップと追跡に対する内部監査部門の責任を認識する 　b．経営管理者の改善措置の計画をモニタリングし、確認するための主要なステップを区別する	原則 15 の説明文 基準 15.2
8	経営管理者の改善措置が適切に実施されなかった場合の上申のプロセスを説明する（以下を含むが、これらに限定されるものではない） 　a．上申のプロセスに関連する適切な関係者を認識する 　b．上申のプロセスの適切な一連のステップを認識する	基準 15.2

　本書の巻末に記載している「参考文献」のうち、パート3のセクションD「個々の内部監査業務の結果とモニタリング」について学習する際に参考になる日本語の文献等には、以下のようなものがあります。

- 内部監査人協会「グローバル内部監査基準」
- 一般社団法人日本内部監査協会「内部監査　アシュアランス業務とアドバイザリー業務（第4版）」
- 一般社団法人日本内部監査協会「ソイヤーの内部監査：組織体の価値の向上と保全（第7版）上巻・下巻」
- 内部監査人協会プラクティス・ガイド「カルチャーの監査（第1版）」
- 内部監査人協会プラクティス・ガイド「サードパーティに関するリスク・マネジメントの監査」
- 内部監査人協会プラクティス・ガイド（GTAG）「ITガバナンスの監査」
- 内部監査人協会プラクティス・ガイド（GTAG）「ビッグデータの理解と監査」

第3部

練習問題

第3部では、新試験のサンプル問題を掲載しています。各設問の上部に参考情報としてシラバスのどの項目に相当するかを入れています。

CIA パート1：模擬問題

A.1. 「グローバル内部監査基準」で示されている内部監査の目的について説明する

問題 1　内部監査人が実施する次の活動のうち、IIA の内部監査の目的に最も合致するものはどれか。

（A）支払処理に先立ち、給与が確認され、照合されていることを検証する。

（B）毎月銀行口座の照合を適時完了する。

（C）25 万ドルを超える支払いに 2 つ目の署名を必要とするコントロールを設定する。

（D）コールセンターのパフォーマンス指標をモニタリングし、成功裏に解決されたコールの数を確認する。

【解説】

（A）が正解。これは、給与支払いの正確性を保証するために給与支払い監査において実施される典型的な監査手順である。

（B）は不正解。これは、銀行業務が有効であり、適切に記録されていることを確保するために、第 1 ラインの経営管理者が整備しなければならないコントロール活動である。

（C）は不正解。これは、誤った、又は不正な支払いのリスクを減らすために、（内部監査ではなく）経営管理者が実施する予防的なコントロール活動である。

（D）は不正解。これは、コールセンターの活動が目標とする実績評価規準を満たしていることを確実にするために、経営管理者が実施するモニタリング活動である。

94　第 3 部　練習問題

A.1. 「グローバル内部監査基準」で示されている内部監査の目的について説明する

問題 2　ある投資会社は、依頼者が投資購入や決済を電子的に行うことができるように、カスタマイズされたオンライン・プラットフォームを開発するために、サービス・プロバイダーを雇っている。依頼者にとっては利便性が高まるものの、オンライン・プラットフォームを使用することは、企業にとって新たなリスクをもたらす。このプロジェクトに関して、内部監査部門はどのような役割を果たすべきか。

（A）IT監査人を活用して、識別された新たなリスクに対処するための予防的コントロールを実施する。

（B）定期的なプロジェクト開発会議に参加し、助言的な役割のみを果たす。

（C）新たなリスクを識別するため、プロジェクトが完了したら直ちに監査を予定する。

（D）プロジェクト開発業務の一部にIT監査人を活用し、コストを削減することにより、付加価値を高める。

【解説】

（B）が正解。このような体制においては、内部監査人が戦略的プロジェクトを通じて継続的な助言を提供し、重要なリスクや課題を早期に識別することに関与するのが適切である。

（A）は不正解。リスクを解決するためにコントロールを実施することは、内部監査部門の責任ではない。

（C）は不正解。内部監査人は、プロジェクトに早く関与し、リスクをより早く特定し、他の付加価値のある助言を提供することによって、より良い価値を付加することができる。

（D）は不正解。IT監査人は、客観性及び独立性に悪影響を及ぼす可能性があるため、プロジェクトで行われる作業に関与すべきではない。さらに、内部監査人がその作業を適切に行う技術的能力を有していない可能性もある。

CIAパート1：模擬問題　95

A.3. 内部監査基本規程の要件を認識する

問題 3　新設された内部監査部門の内部監査部門長が、内部監査基本規程を作成している。基本規程に含まれる可能性が最も高い要素は、次のうちどれか。

（A）取締役会との部門運営上の報告関連事項。

（B）組織体全体のリスク評価。

（C）内部監査人がアクセスすることを許される組織体の領域。

（D）内部監査部門の主要業績指標。

【解説】

（C）が正解。これは、基準における内部監査部門の権限を述べている。

（A）は不正解。取締役会への職務上の報告及び最高経営者への部門運営上の報告は、内部監査基本規程に組み込まれるべきである。しかし、取締役会への部門運営上の報告関連事項というものは存在しない。内部監査は、他の部門と同様、すべての部門運営上の方針を遵守する。

（B）は不正解。リスク評価は、内部監査部門で実施される業務上の義務である。

（D）は不正解。これは、内部監査手続きに含めるのが最適な業務活動である。

A.3. 内部監査基本規程の要件を認識する

問題**4** 内部監査機能が提供するアシュアランス業務及びアドバイザリー業務の主な違いに関する記述のうち正しいものはどれか。

（A）アドバイザリー業務を実施する場合、その業務の性質と範囲は内部監査部門によって決定される。

（B）アシュアランス業務には3者が参加するが、アドバイザリー業務には一般的に2者が関係者となる。

（C）アシュアランス業務には2者が参加するが、アドバイザリー業務には一般的に3者が関係者となる。

（D）アシュアランス業務を実施する場合、個々の内部監査業務における目的、範囲及び技法は、レビューの対象となる活動と一致させる。

【解説】

（B）が正解。IIA のガイダンスによれば、アシュアランス業務には3者（内部監査人、評価対象活動の所有者、評価の利用者）が関与し、助言業務には2者（内部監査人と業務依頼者）が関与する。

（A）は不正解。アシュアランス業務を実施する場合、個々の内部監査業務における目的、範囲及び技法は、内部監査部門が決定する。

（C）は不正解。IIA のガイダンスによれば、アシュアランス業務には3者（内部監査人、評価対象活動の所有者、評価の利用者）が関与し、助言業務には2者（内部監査人と業務依頼者）が関与する。

（D）は不正解。アシュアランス業務を実施する場合、個々の内部監査業務の目的、範囲及び技法は内部監査部門が決定する。

CIA パート1：模擬問題　97

A.4. 内部監査部門が提供するアシュアランス業務及びアドバイザリー業務の違いを理解する

問題 **5** アドバイザリー業務ではなく、アシュアランス業務にのみ適切な目的はどれか。

（Ａ）業務プロセス及びコントロールの有効性と効率性を評価する。

（Ｂ）提案された IT ソリューションの導入に伴うリスク及びコントロールの影響を評価し、最高経営者に助言する。

（Ｃ）倉庫における適切なリスクの自己評価を促進する。

（Ｄ）リスク・マネジメントやコントロールの概念に対する意識向上を目的とした研修を開発し、実施する。

【解説】

（Ａ）が正解。業務プロセス及びコントロールの有効性と効率性を評価することは、アシュアランス業務に適切な作業である。

（Ｂ）は不正解。改善提案のリスク及びコントロールへの影響について経営管理者に助言することは、アドバイザリー業務に適している。

（Ｃ）は不正解。リスクの自己評価を促進することは、アドバイザリー業務に適している。

（Ｄ）は不正解。リスク・マネジメントやコントロールの概念に関する研修を開発し、実施することは、アドバイザリー業務に適している。

A.6. 内部監査部門が行うアドバイザリー業務の種類を説明する

問題6 内部監査人は第三者のデュー・ディリジェンス・プロセスにどのように関与する可能性が高いか。

- （A）内部監査人は、第三者のオンボーディング・コントロールを回避する能力をテストする。
- （B）内部監査人は、ベンダー・マスター・ファイルに承認された第三者を追加する。
- （C）内部監査人は、潜在的な第三者であるベンダーの適格性を判断する。
- （D）内部監査人は、第三者が組織体の行動規範に署名することを要請する。

【解説】

（A）が正解。第三者と関わる前に、第三者に対するデュー・ディリジェンス・レビューを実施することは非常に重要である。内部監査人は、第三者に対するデュー・ディリジェンスを定期的に実施すべきではなく、これは他の担当者が行うべきである。しかし、内部監査人は、確立されたデュー・ディリジェンスのコントロールをレビューし、それを 回避することが可能かどうか、あるいは実際に遵守されていないかどうかをテストすべきである。

（B）は不正解。これは、デュー・ディリジェンスの結果を検討し、ベンダーをマスター・ファイルに追加し、利用を開始するベンダー管理チームによって、できれば集中的に行われるべきである。

（C）は不正解。第三者のオンボーディング及びオフボーディング・プロセスを設け、調達担当者、該当分野の専門家など、責任者を任命すべきである。デュー・ディリジェンスにおける考慮事項については、プラクティス・ガイド「サードパーティに関するリスク・マネジメントの監査」の付録Cを参照のこと。

（D）は不正解。第三者が遵守すべき組織体の行動規範は、調達プロセス中に導入されるべきである（そうすることにより、ベンダーが同意しない場合、提案を取り下げることができる）。「行動規範」への署名は、契約締結と同時に行われるべきであり、この場合も、調達担当者、契約又は口座管理担当者が行うべきである。内部監査員は、ベンダーがそれに署名しているか、理解しているか、あるいは（助言活動として）研修を実施しているかをテストすることができる。

CIAパート1：模擬問題　99

A.7. 内部監査部門の独立性が侵害される可能性のある状況を識別する

問題7　予算の少ない小規模企業において、取締役会と最高経営者は、内部監査部門長（CAE）に対し、特定のプロセスに影響を与える新たな規制要求事項に促された特定のコントロールの策定を要請した。内部監査部門長はまた、最高経営者に職務上の報告を行うよう指示された。このプロセスに関する監査業務は、すでに内部監査の計画の中で設定されていた。内部監査部門の独立性を損なうものはどれか。

（Ａ）内部監査部門長によるコントロールの策定。

（Ｂ）このプロセスに関する個々の内部監査業務。

（Ｃ）最高経営者に対する内部監査部門長による職務上の報告。

（Ｄ）小額の予算。

【解説】

（Ｃ）が正解。内部監査部門長が、取締役会ではなく最高経営者に職務上報告することは、不当な影響を受けることなく内部監査の責任を遂行する能力を制限するため、独立性が損なわれる。

（Ａ）は不正解。内部監査部門長は、潜在的な利害の衝突を管理するための適切な防御措置が実施されている限り、コントロールの開発などの追加的な役割を担うことができる。

（Ｂ）は不正解。内部監査部門長が責任を有するプロセスの監査を実施することは、独立性ではなく客観性に影響する。これを回避するために、監査を独立した第三者に再配置することができる。

（Ｄ）は不正解。予算が少ないと独立性が損なわれるのは、内部監査部門が効果的にその責任を果たせせなくなる場合だけである。このような場合、監査部門に予算が不十分であることを示すものではない。

100　第3部　練習問題

B.1. 誠実性を実践により示すこと

問題 **8** ある内部監査人が、小規模子会社の倉庫で抜き打ちで棚卸を行った。棚卸が終わるまでに、いくつかのカテゴリーから数点が欠落していることが明らかになった。倉庫管理者は、個人的な必要性からそれらの品物を持ち出したと説明し、通報されるのを避けるために、他の従業員の不正行為について情報を提供すると言った。監査人はこの問題を報告しないことに同意し、最終的にもっと重大な損失を発見することができた。この状況に関する記述のうち、正しいものはどれか。

（A）このシナリオは、監査の独立性が損なわれていることを示している。

（B）内部監査人は内部監査の目的に従って行動し、組織体に価値を付加した。

（C）内部監査人は、専門職としての正当な注意と費用対効果を発揮した。

（D）内部監査人は個人の誠実性を欠いているように見える。

【解説】

（D）が正解。他人の不正行為に関する情報と引き換えに倉庫管理者の不正行為を報告しないことに同意したことで、内部監査人は内部監査専門職の基本原則である誠実性を損なった。誠実性は、監査人が倫理的原則を守り、正直に行動し、監査部門の信頼を損なうような行動を避けることを求めている。

（A）は不正解。独立性は重要だが、ここで問題なのは、監査人の客観性や独立性ではなく、むしろ倫理的な意思決定や誠実性の遵守である。

（B）は不正解。使われた（窃盗を見過ごすという）方法は、たとえそれがさらなる損失の発見につながったとしても、倫理原則に反する。これは高度な倫理的基準の維持を含めた、内部監査の目的と一致しない。

（C）は不正解。専門職としての正当な注意には倫理的基準の遵守が含まれ、便益と受け取られる行為のために誠実性を損なうことは、専門職としての正当な注意の例とは言えない。

CIA パート 1：模擬問題　101

B.2. 個々の内部監査人が客観性を侵害していないかを評価する

問題 **9** 内部監査人の客観性に関する次の記述のうち、正しいものはどれか。

（A）客観性だけなく、独立性への脅威は、個々の監査人、個々の内部監査業務、部門レベル及び組織体全体レベルで管理されなければならない。

（B）独立性だけではなく、客観性への脅威は、個々の監査人、個々の内部監査業務、部門レベル及び組織体全体レベルで管理されなければならない。

（C）内部監査人が前年度内に責任を負っていた分野でアシュアランス業務を提供する場合、客観性が侵害されていると推定される。

（D）内部監査人が前年度内に責任を負っていた分野でアドバイザリー業務を提供する場合、客観性が侵害されていると推定される。

【解説】

（C）が正解。内部監査人が前年度内に責任を負っていた分野でアシュアランス業務を提供する場合、客観性が侵害されていると推定される。

（A）は不正解。独立性と客観性の両方に対する脅威は、個々の監査人、個々の内部監査業務、部門レベル及び組織体全体レベルで管理されなければならない。

（B）は不正解。独立性と客観性の両方に対する脅威は、個々の監査人、個々の内部監査業務、部門レベル及び組織体全体レベルで管理されなければならない。

（D）は不正解。内部監査人は、過去に責任を有していた業務に関し、アドバイザリー業務を提供してもよい。

B.3.	客観性を促進する方針と、侵害を低減する可能性のある選択肢を分析する

問題 **10** 客観性を促進する実務は次のうちどれか。

（A）女性候補者は、内部監査の採用プロセスにおいて優先される。

（B）部門内の競争を避けるため、内部監査部門の全メンバーに同額の年間賞与が支給される。

（C）業務担当は、内部監査チームのメンバー間で定期的に交代している。

（D）内部監査基本規程は、内部監査のアクセス権と組織体内での地位を明確に定義している。

【解説】

（C）が正解。事業ユニット間のローテーションは客観性を高め、誰も業務依頼者と親密になりすぎないため、この選択肢は正しい。

（A）は不正解。この選択肢は、客観性を促進するものではない。なぜなら、可能な限り最も適任者がそのポジションに選任されるべきであり、性別は考慮されるべきではない。仮に男女別定数が求められているとしても、それは客観性の促進とは何の関係もない。

（B）は不正解。正しい賞与額が客観性を損なうことはなく、競争が客観性を脅かすこともない。「例えば、批判的で客観的な思考に報奨を与え、あるいは偏見や先入観を罰する環境は、この種の脅威に直面しても客観性を促す可能性がある。報奨金、追加の休暇、柔軟な勤務スケジュール、その他の肯定的な報酬は、客観的な思考を促し、報奨として使用することができる」

（D）は不正解。この選択肢は、客観性ではなく独立性を促進するものである。

CIA パート 1：模擬問題　103

B.5. 専門職としての正当な注意を発揮する

問題 11 内部監査部門長（CAE）は、提案されたアドバイザリー業務の費用を、潜在的な利益と比較検討している。内部監査部門長の分析は、どれに貢献しているか。

（A）内部統制の目的達成。

（B）実施するテストのタイミング。

（C）業務遂行に必要な熟達した専門的能力

（D）適切な専門職としての正当な注意。

【解説】

（D）が正解。費用便益分析は、基準のドメインⅤ「内部監査業務の実施」で強調されているように、監査人がその便益との関係で監査業務の費用を検討することを要求している、専門職としての正当な注意を反映したものである。

（A）は不正解。内部統制目標の達成は経営者の責任である。内部監査は、これらの目的が達成されているかどうかを評価する。

（B）は不正解。監査テストのタイミングは、個々の内部監査業務の計画及び管理の期間中に決定され、費用便益分析とは無関係である。

（C）は不正解。熟達度は、内部監査人に必要なスキル及び知識のことであり、費用便益分析とは関係がない。

104　第3部　練習問題

C.1. 組織体のガバナンスについての概念を説明する

問題 12 効果的な組織体のガバナンスに関する記述のうち、正しいのはどれか。

（A）リスク・マネジメントの監督の必要性を減らすことができる。

（B）内部統制及びリスク・マネジメントと連携している。

（C）内部統制手続きの要求事項を軽減することができる。

（D）事業目標の達成を確実にする。

【解説】

（B）が正解。組織体のガバナンス、リスク・マネジメント、内部統制は相互に関連している。

（A）は不正解。組織体のガバナンスの有効性は、リスク・マネジメントの厳格な監督に依拠している。

（C）は不正解。強固な社内コントロール手続は、組織ガバナンスの有効性を高める。

（D）は不正解。組織体のガバナンスは、事業目的達成の可能性を高めることができる。

CIA パート 1：模擬問題　105

C.2. 組織体の文化が統制環境全体と個々の内部監査業務のリスクとコントロールに与える影響を認識する

問題 **13** 組織体の統制環境の評価において、失敗のリスクが高まっていることを示す可能性のある状況はどれか。

（A）従業員の離職率が低い。

（B）組織体内に設置された不正通報窓口。

（C）詳細な職務記述書の一覧。

（D）歩合制の報酬体系。

【解説】

（D）が正解。歩合制を採用することは、報酬を最大化するために、よりリスクの高い意思決定につながる可能性がある。

（A）は不正解。離職率が低いということは、失敗のリスクが低いことを意味する。

（B）は不正解。不正通報窓口は、失敗のリスクを減らすことを意味する。

（C）は不正解。詳細な職務記述書は、失敗のリスクを減らすことを意味する。

106 第3部 練習問題

C.4. リスクの種類に関する基本的な概念を理解する

問題 14 ある内部監査人が、企業の社会的責任（CSR）アシュアランス業務において、次のような指摘をした。「社外向けの CSR コミュニケーションのガイドラインが定められていない。」この指摘事項に関連するリスクとして最も可能性が高いのはどれか。

（A）組織体の評判に悪影響を及ぼす可能性のある一貫性のないメッセージ。

（B）株主への年次報告義務違反には罰則が科せられる。

（C）サステナビリティ報告の一環としてのサステナビリティ活動に関する情報開示の欠如。

（D）CSR 活動実践時における従業員の倫理規範への違反について。

【解説】

（A）が正解。CSR 関連のコミュニケーションに関するガイドラインが欠如していると、組織体から発信されるメッセージに一貫性がなくなり、その結果、組織体の評判に悪影響を及ぼす可能性がある。

（B）は不正解。CSR 関連のコミュニケーション・ガイドラインやフレームワークを規定するような規制当局からの要求事項はない。組織体は自主的にこれを実施している。

（C）は不正解。サステナビリティ報告の一環として、CSR 関連のコミュニケーション・ガイドラインを規定するような規制当局からの要求事項はない。さらに、サステナビリティ報告は、世界的にはまだ義務づけられていない。

（D）は不正解。この質問は社外とのコミュニケーションに関するものだが、従業員は社内のステークホルダーであり、組織体内での活動は主に倫理規範によって規制されている。

CIA パート 1：模擬問題　107

C.5. リスク・マネジメント・プロセスの基本的な概念を理解する

問題 **15** リスク評価の結果、組織体の人事部門で特定のリスクに対処するコストは、認識される利益よりも大きいことがわかった。このシナリオにおいて、組織体はどのリスク対応アプローチを取るべきか。

（A）リスクを減らす。

（B）リスクを転用する。

（C）リスクを受容する。

（D）リスクを共有する。

【解説】

（C）が正解。リスクに対処するためのコストが、想定される便益を上回る場合、適切なアプローチは、費用便益分析に基づいてリスクを受容することである。

（A）は不正解。リスクを減らすためのコストは、それによって得られる利益よりも高くなるため、このアプローチは正しくない。

（B）は不正解。リスクを転用するコストは、それによって得られる利益よりも高くなるため、このアプローチは正しくない。

（D）は不正解。リスクを共有する、言い換えればリスクを転用するコストは、それによって得られる利益よりも高くなるため、このアプローチは正しくない。

108 第3部　練習問題

C.6. 組織体のプロセスや部門におけるリスク・マネジメントについて説明する

問題 **16** 組織体がリスクを効果的に管理していないことを最もよく表しているシナリオはどれか。

（A）証券市場監督当局は、関連当事者との重要な取引を開示していないとして、企業に罰金を科した。

（B）想定外の世界的なパンデミックにより、建設プロジェクトが大幅に遅れている。

（C）最高経営者は、児童労働利用の疑惑の可能性があるため、ある太陽光パネルメーカーとの契約を打ち切った。

（D）開発業者はすべての法的要件を遵守していたにもかかわらず、ある地域社会が、風力発電所開発業者を相手取って訴訟を起こした。

【解説】

（A）が正解。これは、予防可能なリスク事象が発生するシナリオであるため、効果的ではないリスク・マネジメントの典型的な事例である。企業が規則を遵守し、取引を適切に開示していれば、当局は同社に罰金を科すことはなかっただろう。したがって、効果的ではないリスク・マネジメントの兆候は、予防可能なリスク事象が発生したときである。

（B）は不正解。リスクの発生源は外部であり、予測不可能である可能性が高い。組織体がリスクを管理できなかったから、遅延は起こったわけではないため、この選択肢は誤りである。

（C）は不正解。最高経営者は、児童労働を利用している可能性のある製造業者から商品を購入する、いかなるリスクも冒したくないので、この選択肢は誤りである。このような措置は、強力なリスク・マネジメント文化を示している。

（D）は不正解。開発業者があらゆる手段を講じて法的要件を遵守し、効果的ではないリスク・マネジメントの兆候はないと述べているため、この選択肢は誤りである。

CIA パート 1：模擬問題　109

C.7. 内部統制の概念とコントロールの種類を理解する

問題 17 買掛金取引を担当するある組織体の経理担当者が、ベンダーの口座と偽って自分の口座に支払いを行うという詐欺行為を行った。当該ベンダーは、もはや組織体にサービスを提供していない。このシナリオで、次のコントロールのうちどれが不足していたか。

（A）買掛金、総勘定元帳、銀行明細の比較が行われなかったため、照合管理が不十分であった。

（B）不正を犯す傾向のある経理担当者が採用されたため、人事考査と経歴調査のプロセス管理が不十分であった。

（C）異なる金額での支払いが可能であったため、ベンダーの支払い承認プロセスの管理が不十分であった。

（D）裏付けとなる文書や承認なしにデータを変更できた可能性があるため、ベンダー・マスター・ファイル管理のコントロールが不十分であった。

【解説】

（D）が正解。実際、支払を担当する経理担当者は、ベンダー・マスター・ファイルを更新すべきではない。また、このような更新には、裏付けとなる文書が必要である。たとえば、ベンダーから銀行口座が確かに変更されたという通知や、ベンダーのデータの変更を適用する前に誰かが確認するといった承認の仕組みがあるべきである。

（A）は不正解。この場合はそうではないようで、ミスマッチがあったとしても、経理担当者はそれを修正することができるし、ほとんどの場合、照合に問題はなかった。そのお金は「間違った」（経理担当者の）銀行口座に送金されただけで、照合の視点からすれば、すべて問題はなかった。

（B）は不正解。経理担当者が過去に不正行為で告発され、有罪判決を受けたことがあるかどうかは、実際に問題文には書かれていないため、この選択肢は誤りである。身辺調査は非常に重要だが、ホワイトカラー詐欺師のうち、過去に詐欺を働いたことのある者はごく少数である。

（C）は不正解。支払を承認する権限を持つ者は、実際にサービスを提供し、請求書を承認した、かつてベンダーの名前を見ていたので、承認はおそらく十分であったと思われる。問題は、経理担当者が権限と裏付けとなる詳細なしにベンダーのデータを変更することが許可されてはならないということである。

> **D.1. 不正リスクの概念と不正の種類について説明する**
>
> 問題 **18** 不正のトライアングルの合理化の要素と通常関連する、贈収賄の最も強い危険信号はどれか。
>
> （A）従業員の報酬が低い。
>
> （B）従業員が販売情報に無制限にアクセスすること。
>
> （C）主要な従業員を信頼しすぎている。
>
> （D）身の丈を超えた生活をしている従業員。

【解説】

　（A）が正解。これは合理化に伴う危険信号である。特に従業員が十分な報酬を受けていない場合には、贈収賄スキームに直結する。

　（B）は不正解。これは機会リスクの要因である。

　（C）は不正解。これは機会リスクの要因である。

　（D）は不正解。これはプレッシャーの危険信号である。

| D.3. | 不正の可能性と、組織体が不正リスクを発見して管理する方法を評価する |

問題 **19** ある組織の買掛金分野の監査において、内部監査人が、調査した情報の中に不正の可能性を示す異常があることを発見した。これを検証するために、監査人が最初に実行すべきテストはどれか。

（A）分析対象のデータの整合性と完全性を検証する。

（B）重複する組織取引を識別する。

（C）対象分野のすべての取引を分析する。

（D）改ざんされた可能性のある管理合計額をチェックする。

【解説】

（A）が正解。不完全又は不正確なデータは、潜在的な不正を誤魔化したり、見過ごしたりする可能性があるため、最初のステップは、データの整合性と完全性を検証することである。

（B）は不正解。複製された取引を識別することは有益であるが、データの整合性と完全性を検証した後に行われるべきである。

（C）は不正解。すべてのトランザクションを分析することは価値あることだが、データの整合性と完全性の検証に従わなければならない。

（D）は不正解。管理合計額のチェックは重要だが、データが完全で正確であることを確認した後に行う。

CIA パート 1：模擬問題　113

D.4. 不正の予防と発見のためのコントロールについて説明する

問題 20　内部通報窓口を予防的コントロールとして機能するために、どのような方法があるか。

（A）内部通報を運用する第三者が通報者の匿名性を確保する。

（B）内部通報の情報提供は、不正行為や行動規範違反を発見するのに役立つ。

（C）詐欺の加害者となる可能性のある人たちは、自分の行為が簡単に報告されることを知っている。

（D）より良い調査手順は、内部通報窓口をきっかけとして行われる。

【解説】

（C）が正解。内部通報窓口は、自分の行為が簡単に報告されることを認識させ、不正行為を思いとどまらせるため、潜在的な不正行為を抑止することによって、予防的コントロールとして機能する。

（A）は不正解。通報者の匿名性を確保することは、通報窓口が有効に機能するための基本的な要求事項であるが、コントロールや予防策などとはみなされない。

（B）は不正解。内部通報を通じた不正の発見の情報提供は、発見的コントロールの事例である。事件が発生した後に問題を識別するのに役立つが、問題を未然に防ぐものではない。

（D）は不正解。調査手順を発動させることは、有効なケース管理と対応の一部ではあるが、コントロールとして分類されていない。

CIA パート2：模擬問題

A.1. 個々の内部監査業務の目標及び範囲を決定する

問題 **1** ある内部監査人は、先物取引を利用した為替変動リスクの管理に関する会社の方針を、財務部門が遵守しているかレビューするよう要請された。会社の方針マニュアルの中には関連方針がなかったが、財務部門は会社の取引銀行が作成した方針を遵守していることを内部監査人は発見した。この内部監査人が取るべき最も適切な対応はどれか。

（A）会社の方針がなく監査対象が存在しないため、この監査業務を取りやめる。

（B）追加的な監査作業を実施せず、会社の方針がないことを監査発見事項として報告する。

（C）会社の方針が策定されるまで、監査業務を延期する。

（D）取引銀行が作成した方針を監査の評価規準として使用し、この方針の正式採用を監査最終報告書における改善勧告とすべきかを判断する。

【解説】

（D）が正解。監査とそれに続く改善勧告は、使用されている方針を基に行われるべきである。

（A）、（B）、（C）は不正解。正式な方針がないことは、当該部門の実際のプロセスを監査しない理由にはならない。

CIA パート2：模擬問題　115

A.1.c. 監査計画策定中に、関連する範囲の制約を識別し、文書化する

問題 2 ある内部監査人は、保険会社のセールス・ボーナス制度に関連する業務リスクを評価している。IIA のガイダンスによれば、このレビューで内部監査人が提供する可能性が最も高い勧告はどれか。

（A）現行のボーナス率が取締役会によって承認されるようにする。

（B）解約された保険契約のボーナスが回収されるようにする。

（C）保険販売データの正確性と完全性を確保する。

（D）ボーナス率が業界慣行と整合するようにする。

【解説】

（B）が正解。この改善提案は、セールス担当者による過剰な契約提出による業務リスクを軽減できる。

（A）は不正解。これはコンプライアンスリスクに対処する。

（C）は不正解。これは財務報告リスクに対処する。

（D）は不正解。これは雇用市場のリスクに対処する。

116 第3部 練習問題

A.3. 主要なリスク及びコントロールを評価するために、個々の内部監査業務を計画する

問題 **3** 内部監査人は、組織体内に新設された事業部のレビューを計画している。新設事業部の責任者は、監査をこれまで受けたことがないマネージャーである。新設の事業部であるため、レビューできる過去の監査調書はない。内部監査人がこの事業部の主要なリスクやコントロールを識別するのに、最も適切な行動はどれか。

（A）この事業部のマネージャーに挨拶のメールを送り、本人の職務記述書の提供を依頼する。

（B）プロセスを理解して、プロセス・フローチャートを作成するために、この事業部のマネージャーにインタビューを行う。

（C）白紙のリスク・コントロール・マトリクスのテンプレートをこの事業部のマネージャーに送り、関連情報の記入を依頼する。

（D）この新設事業部に関連して顧客から最近寄せられた苦情の一覧を取得し、それぞれを固有のリスクとして文書化する。

【解説】

（B）が正解。これによりレビュー対象部門とそのリスクとコントロールについて内部監査人が理解することができる。

（A）は不正解。これによって内部監査人に伝えられるのは、レビュー対象部門全体の責務ではなく、ただ1人の人物の責務のみである。

（C）は不正解。内部監査人はこの部門のリスクとコントロールについて独立した評価を行う責任がある。

（D）は不正解。苦情は特定のプロセスがうまく機能していないことを示す可能性があるが、それのみでは、レビューすべき主要なリスクとコントロールについての十分な情報は提供されない。

CIA パート2：模擬問題　117

A.3.c. 個々の内部監査業務の計画を策定する際、既存・新規のサイバーセキュリティリスク、一般的な情報セキュリティ及び IT コントロール、IT 全般統制、IT コントロール・フレームワークを使用する目的及び便益、データプライバシーの原則並びにデータセキュリティの方針及び実務を認識する

問題 **4** 財務システムによって組織体の財務諸表に誤りが生じるようになった場合、内部監査人がその原因を究明するために取るべき最初の手段として、最も効果的なものはどれか。

（A）すべてのバッチコントロールをレビューする。

（B）すべての出力コントロールをレビューする。

（C）プログラム変更ログをレビューする。

（D）プログラムコードをレビューする。

【解説】

（C）が正解。最も効果的な最初のステップは、人為的介入の可能性を調べることである。

（A）と（B）は不正解。人為的介入の可能性を排除した後で、これらについて調べるべきである。

（D）は不正解。これは、時間とコストがかかるため、最後の手段である。

118 第 3 部 練習問題

A.3.f. 個々の内部監査業務の計画を策定する際、資産管理、サプライチェーン・マネジメント、在庫管理、買掛金、調達、コンプライアンス、第三者プロセス、顧客管理システム、エンタープライズ・リソース・プランニング・システム及びガバナンス・リスク・コンプライアンス・システムなど、一般的なビジネス・プロセスに関連する主要なリスク及びコントロールを認識する

問題 **5** ある消費財の量販店では、数年前から店舗販売時点情報管理 (POS) データを使って売上を記録し、在庫記録を更新している。価格変更が予定されると、本社は、価格変更ファイルを各店舗のコンピュータサーバシステムにダウンロードする。各店舗の副店長は、サーバにダウンロードされたファイルをチェックし、承認された価格更新時間に店舗の価格ファイルを更新するプログラムを実行する責任を負っている。本社が一元的に価格更新を行う場合と比較すると、この方法での価格更新によって起こる可能性が最も高いのはどれか。

（Ａ）商品価格が、常に低く設定されるリスクが低減する。

（Ｂ）商品価格が、時々不正確になるリスクが低減する。

（Ｃ）商品価格が、常に低く設定されるリスクが増加する。

（Ｄ）商品価格が、時々不正確であるリスクが増加する。

【解説】

（Ｄ）が正解。分散化されたプロセスでは、不正確になる確率が高くなる。

（Ａ）と（Ｃ）は不正解。これらは、価格が通常、上昇するのか下降するのかが分からなければ推測できない。

（Ｂ）は不正解。これは、価格が一元的に更新された場合に当てはまる。

CIAパート2：模擬問題 **119**

A.5. レビューの対象となる各活動について、詳細なリスク評価を完了する

問題6 アシュアランス業務での詳細なリスク評価中に、内部監査人が行う業務はどれか。

（A）リスク対応の選択

（B）コントロールの設計の評価

（C）以前の監査で識別された問題のフォローアップ

（D）コントロールの有効性の評価

【解説】

（B）が正解。一部の内部監査部門では、設計の評価とテストを分けている。設計の評価の段階において、内部監査人は監査業務の範囲に含まれる活動のリスクを評価し、コントロールを識別し、コントロールの設計を評価する。

（A）は不正解。経営管理者はリスク対応を選択する責務がある。

（C）は不正解。内部監査人は、詳細なリスク評価中に、以前の監査の結果をレビューしてもよいが、以前の監査で識別された問題に関するフォローアップは、フォローアップ段階又はテスト段階で行うべきである。

（D）は不正解。内部監査人はテスト段階でコントロールの有効性を評価する。

120　第3部　練習問題

A.6. 監査手続を決定し、個々の内部監査業務の監査プログラムを作成する

問題 **7** 大手銀行のコンピュータ化された個人向け融資システムにおいて、不正融資の発見に最も効果的なコントロールはどれか。

（A）顧客情報は、出金の前に支払いデータと照合しなければならない。

（B）新規融資の承認に対するレビューは、毎月実施される。

（C）パスワードの不正入力が3回あった後は、すべてのログインアカウントがアクセス不能になる。

（D）監督者による承認権限の委譲は、システムコントロールによって防止されている。

【解説】

（B）が正解。これは同一の人物又は住所向けの複数の融資を明らかにする発見的コントロールである。

（A）、（C）、（D）は不正解。これらは予防的コントロールである。

CIA パート2：模擬問題　121

A.6. 監査手続を決定し、個々の内部監査業務の監査プログラムを作成する

問題 **8** 個々の監査業務の計画において、内部監査人がテスト計画を作成することが重要になる時点はいつか。

（A）リスクを評価する前

（B）主要コントロールを識別する前

（C）コントロールの設計の妥当性を評価した後

（D）監査業務に資源を割当てた後

【解説】

（C）が正解。リスクを評価し、主なコントロールを識別し、コントロールの設計の妥当性を評価した後で、内部監査人は各主要コントロールをテストする方法を記したテスト計画を策定する。

（A）は不正解。主要コントロールを識別し、テスト計画を策定する前に、リスクを識別して評価しなければならない。

（B）は不正解。コントロールの設計の妥当性を評価してテスト計画を策定する前に、主要コントロールを識別しなければならない。

（D）は不正解。実施する作業に応じて資源が割り当てられる。これは、コントロールの設計の妥当性を評価した後で行われる。

122 第3部 練習問題

A.6. 監査手続を決定し、個々の内部監査業務の監査プログラムを作成する

問題 **9**　組織体の調達方針によれば、正式な入札とは対照的に、見積リを取得する必要性は購入金額によって決まる。この方針への遵守状況を評価する実地調査が必要かどうかを判断するために、内部監査人はどの手続を用いるべきか。

（A）種類別及び金額別の当期の購入量のレビュー

（B）購買部門の経費の5年間の傾向分析の実施

（C）監査期間に処理された発注書の量の判断

（D）監査期間に獲得した契約書の量の判断

【解説】

（A）が正解。種類別及び金額別の購入量のレビューにより、追加の実地調査が必要かどうかが分かる。

（B）は不正解。5年間の傾向分析では、追加の実地調査が必要かどうかが分からない。

（C）は不正解。発注書の量から仕事量の水準は分かるが、追加の実地調査の必要性は分からない。

（D）は不正解。獲得した契約書の量から仕事量の水準は分かるが、追加の実地調査の必要性は分からない。

CIA パート2：模擬問題　123

A.7. 個々の内部監査業務に必要な監査資源とスキルのレベルを決定する

問題 10 ある保険会社の現行の監査計画には、社内の保険数理人による複雑な計算に対する年次内部監査が義務付けられている。内部監査部門の監査主査の1人は、保険数理の技能と実務に関する基礎知識を持っている。内部監査部門長が取る最も適切な行動はどれか。

（A）保険数理の技能と実務に関する基礎知識を持っている監査主査に、監査業務を監督させる。

（B）保険数理の技能と実務に関する専門知識について監査チームを補完するために、社内の保険数理人の1人をコンサルタントに起用する。

（C）監査主査が追加の研修を受け、保険数理の技能と実務において熟達した専門的能力を有することができるまで監査を延期する。

（D）保険数理の技能と実務に関する専門知識について監査チームを補完するために、有資格の外部の保険数理人によるサービスを手配する。

【解説】

（D）が正解。内部監査部門長（CAE）は監査業務を完了するための有能な助言と支援が得られるため、これが最も適切な行動である。

（A）は不正解。計算が複雑であるため、基礎的理解では、この監査を行うのに十分ではない。

（B）は不正解。社内の保険数理人では、監査対象部門から独立していることにならない。

（C）は不正解。この監査は必須であり、技能の習得には多くの時間がかかる。したがって、監査を延期することはできない。

> **B.1.a. インタビュー、観察、ウォークスルー及びデータ分析など、情報を入手するための適切な方法を決定する**
>
> 問題 **11** すべての売上取引が記録されたことを検証するために、最適な監査手続きはどれか。
>
> （A）観察
>
> （B）追跡
>
> （C）再計算
>
> （D）突合

【解説】

（B）が正解。追跡は網羅性の主張を裏付ける。

（A）は不正解。これは、ある一時点での存在及び所有を検証する。

（C）は不正解。これは、勘定残高の差異を特定するのに役立つ場合があるが、個々の売上取引の検証には効果的ではない。

（D）は不正解。突合は、売上取引の一部のみを検証する。

CIA パート 2：模擬問題　125

B.1.b. 方針、チェックリスト、リスクとコントロールに関するアンケート及び自己評価調査など、情報を入手するために適切な文書を決定する

問題 12 原因不明の在庫減少の調査において、内部監査人に最も信頼できる情報を提供するのはどれか。

（A）発注書

（B）受入報告書

（C）納入業者からの請求書

（D）在庫記録

【解説】

（C）が正解。納入業者からの請求書は、最も信頼できる独立した情報を提供する。

（A）は不正解。発注した数量と出荷された数量の間に食い違いがある場合がある。

（B）は不正解。これは受入報告書の欠損や改ざんを考慮していない。

（D）は不正解。中心的な課題は在庫記録を他の信頼できる情報に照らして検証することである。

B.4.c. 構造化・非構造化データを含むデータの種類を説明する

問題 **13** 組織体における非構造化データの使用例はどれか。

（A）組織体は、商業登記簿のデータベースで、従業員の潜在的な利害の衝突についてスクリーニングしている。

（B）組織体からベンダーへの支払いは、定期的に買掛金台帳で異常がないかチェックされている。

（C）組織体は、セキュリティ侵害を検出するために、IT システムへのアクセスログをモニタリングしている。

（D）組織体の営業部門は、顧客のソーシャルメディアへの投稿を分析し、それに基づいてパーソナライズされた販売促進を行っている。

【解説】

IIA のガイダンスに照らして、（D）が正解。ソーシャル・メディア投稿は、伝統的なデータ構造や制約に縛られない。

（A）、（B）、（C）は不正解。これらはすべて、構造化データの例である。

CIA パート 2：模擬問題 **127**

B.4.d. 目的の定義、関連データの取得、データの正規化、データ分析及び結果のコミュニケーションを含むデータ・アナリティクス・プロセスを説明する

問題 **14** データ・アナリティクスのプロセスを実行する際に、内部監査部門が取るべき最初のステップはどれか。

（A）データ・アナリティクスのプロセスの有効性に関するリスク評価を実施する。

（B）入手可能な生データのソースを分析する。

（C）目的と期待される価値を定義する。

（D）クリーニングと正規化処理を行うデータを選択する。

【解説】

（C）が正解。データ・アナリティクスのプロセスの目的と期待される価値を定義することで、必要なデータソースの判断を含め、一貫性のあるプロセス計画が可能になる。

（A）は不正解。これは、データ・アナリティクスのプロセスのステップとはみなされない。

（B）と（D）は不正解。これらのステップは、データ・アナリティクスのプロセスの目的と期待される価値を定義するという最初のステップの後に行うべきである。

128 第3部 練習問題

B.5.a. 比率、差異、傾向、財務・非財務情報及びベンチマーキング結果を分析する

問題 **15** ある中規模の自治体は、31,000 件の顧客に対し、年 85 億ガロンの水を供給している。正しい請求を行うために、水道メータは最低 5 年に 1 回交換される。担当部門は、最近、下記の活動報告を提出した。水道メータ交換プログラムの活動レポートに基づいて、内部監査人が下す結論はどれか。

	第 1 月	第 2 月	第 3 月	第 1 四半期実績	第 1 四半期目標
交換メータ	475	400	360	1,235	1,425
水漏れの報告	100	100	85	285	
水漏れ修理	100	100	85	285	100％

（A）設定された業務運営基準は、理解され、達成されている。

（B）必要とされる是正措置は、おそらく当該四半期中に実施される。

（C）目標との差異を分析し、是正すべきである。

（D）メータは、3 年毎に交換されるべきである。

【解説】

（C）が正解。内部監査人は業務をレビューして、結果が設定された目標及び目的にどの程度適合するかを確認するべきである。この場合、メータ交換目標が達成されておらず、是正措置が必要である。

（A）は不正解。実際に交換されたメータが目標未満であるため、内部監査人はこの結論を下すことができない。

（B）は不正解。メータ交換目標が未達成であるため、この結論を下すことはできない。

（D）は不正解。この結論を裏付ける証拠はない。

CIA パート 2：模擬問題　129

B.6. 評価規準と状況との間に差異があるのかどうかを判断し、それぞれの発見事項の重大性を評価する

問題 **16** 情報セキュリティー違反に関する記録や他の証拠をレビューする際、内部監査人にとって最も重要な考慮事項はどれか。

（A）セキュリティー違反に対して経営管理者が行う調査と解明

（B）セキュリティー違反を予防するために設定されたアクセスコントロール

（C）情報セキュリティーアーキテクチャーの改善計画

（D）一般的なセキュリティー違反に関する業界動向

【解説】

　（A）が正解。内部監査人は、情報セキュリティー違反が経営管理者によって確実にレビューされ、対処されるようにすべきである。

　（B）は不正解。内部監査人が情報セキュリティ違反の証拠を確認する場合、既に発生した違反の解明よりも、既存の予防的コントロールの方が重要度は低くなる。

　（C）と（D）は不正解。より重要な考慮事項は、現在の違反に対する経営管理者の責任である。

B.6.b. 評価規準からの逸脱の根本原因と潜在的な影響を識別する

問題 **17** 注文した材料の分割納品に対して、過払いが発生する可能性が最も高い状況はどれか。

（A）受入部門が材料の受領を単独で確認し、その情報を後で購買部門に提供する場合

（B）受入部門が、入庫伝票を記録するために注文書を参照する場合

（C）受入部門が納品された材料の受領時に数量を数え、納入業者の売り渡し書の明細と比較する場合

（D）受入部門が、売上請求書を配送伝票と照合する場合

【解説】

（B）が正解。このシナリオでは、実際に受領した材料が注文した数量よりも少ない場合に、過払いが発生し得る。

（A）、（C）、（D）は不正解。これらの状況では、受領した材料の確認が支払前に行われるため、過払いが発生する確率が下がる。

CIA パート 2：模擬問題　131

B.8.a. 専門職としての判断を適用して、収集して評価した個々の内部監査業務の発見事項の重大性を判断する

問題 **18** 大規模な建設プロジェクトを評価中に、内部監査人は頻繁な安全違反を観察し、件数を記録した。監査報告書の草案には、「観察された 20 件の違反事例に基づく重大なコンプライアンス違反」の発見事項が含まれていた。しかし、主任監査人（AIC）は報告書からこの発見事項を削除した。AIC がこの発見事項を削除した理由として、最も可能性が高いのはどれか。

（A）監査証拠が有用ではなかった。

（B）監査証拠が有効ではなかった。

（C）監査証拠に関連性がなかった。

（D）監査証拠に説得力がなかった。

【解説】

（D）が正解。監査証拠に十分な詳細がないため、説得力がない。

（A）は不正解。証拠が有用でないと結論するだけの十分な背景情報がない。

（B）は不正解。証拠は、内部監査人の観察を基にしているため、有効である。

（C）は不正解。証拠は監査に関連していた。

C.1. 個々の内部監査業務の期間中、適切な監督を行う

問題 **19** 前職で豊富な給与業務経験を持つ内部監査スタッフは、給与部門の監査を実施している。主任監査人（AIC）は、給与業務経験はないが、ベテランの内部監査人である。AIC の責務について正しい記述はどれか。

（A）監査スタッフの方が監査対象分野についての知識が豊富なため、AICは監査手続書をレビューする必要はない。

（B）AIC には給与業務経験がないにも関わらず、監査対象者との監査講評会と報告書レビュー会合に出席しなければならない。

（C）AIC には給与業務経験がないにも関わらず、監査中に監査スタッフが行った重要な専門家としての判断は、AIC がレビューしなければならない。

（D）監査スタッフの方が AIC よりもこの分野での経験が豊富であるため、給与部門の経営管理者とのコミュニケーションは監査スタッフが行わなければならない。

【解説】

IIA のガイダンスに照らして、（C）が正解。

（A）は不正解。監査の監督者が監査手続書とその改訂を承認すべきである。

（B）は不正解。これらの会合への AIC の出席は必須ではないが、AIC は出席するよう務めるべきである。

（D）は不正解。経営管理者とのコミュニケーションは AIC の責務である。

CIA パート 2：模擬問題　133

C.2. 個々の内部監査業務の期間中、ステークホルダーとの適切なコミュニケーションを図る

問題 20 ある大手の衣料品卸会社の内部監査部門の監査プロセスでは、監査通知書や監査プロジェクト承認書類が作成されていない。このプロセスの欠陥により発生する、最も深刻な結果はどれか。

（A）監査の日程が、監査対象部門にとって最適でない可能性がある。

（B）監査対象部門の経営管理者が、監査の目標を理解していない可能性がある。

（C）監査を実施するための資源が十分でない可能性がある。

（D）監査計画の優先順位が変わっている可能性がある。

【解説】

（B）が正解。個々の監査業務が始まる前に、経営管理者が監査目標を理解して同意していることが不可欠である。

（A）は不正解。監査業務が監査対象部門にとって最適な時期に行われるとは限らないが、これについては監査業務の計画段階で対処できる。

（C）は不正解。資源は重要であり、個々の監査業務の範囲と目標を基に決定されるべきである。

（D）は不正解。監査計画の優先順位は、計画が作成された時点で確立されている。

134　第3部　練習問題

CIA パート3：模擬問題

A.2. 内部監査部門における財務的、人的及び情報技術に係る資源の管理について主な活動を説明する

問題 1 保険会社の監査委員会は、リスク評価に基づいて、年間内部監査計画に保険数理の責任準備金とその補足資料となる方針・手続をレビューする監査業務を含めるよう要請した。現在の内部監査部門に数理の専門知識がない場合、この要請に対する内部監査部門長の最も望まし対応はどれか。

（A）数理の専門的知識が不足しているので、この監査業務を辞退する。

（B）この監査業務を引き受け、監査チームの一部として社内の保険数理人を利用することを計画する。

（C）内部監査部門が数理の専門知識を獲得するまで、この監査業務を延期する。

（D）この監査業務を引き受け、社外の保険数理人を利用することを計画する。

【解説】

（D）が正解。社外の保険数理人は独立性を有し、個々の内部監査業務を完了する上で必要な水準の専門性を発揮することが可能。内部監査部門長は、このような業務が監督及びレビューされ、個々の内部監査業務と整合性が取れていることを確認する必要がある。

（A）は不正解。外部の専門家が利用できる場合は、内部監査部門長は業務を引き受けることができる。

（B）は不正解。社内の保険数理人には独立性がない。

（C）は不正解。内部監査部門に数理の専門知識（を持つ人材）を含める必要はない。

CIA パート3：模擬問題　135

A.2. 内部監査部門における財務的、人的及び情報技術に係る資源の管理について主な活動を説明する

問題 **2** 新任の内部監査部門長（CAE）は、内部監査部門を創設しようとしている。経営幹部は、組織体全体のキャリア開発のために内部監査部門を活用しようと考えている。経営幹部の目標に最も適切に沿うために、CAEが選択すべきスタッフの配置モデルはどれか。

（A）ローテーションモデル
（B）センターオブコンピテンス（専門能力型）モデル
（C）キャリアモデル
（D）マネジメントモデル

【解説】

（A）が正解。ローテーションモデルでは、採用は組織体内外から行われ、内部監査人を所定の期間雇用し、組織体内で追加の職責のある別の職務に交替で配置する。これは、組織体全体のキャリア開発には理想的なモデルである。

（B）は不正解。センターオブコンピテンス（専門能力型）モデルでは、内部監査人は1つの分野で高度に専門化するため、キャリア開発には理想的ではない。

（C）は不正解。キャリアモデルは、組織体全体ではなく、内部監査部門内のキャリアを想定している。

（D）は不正解。これは実際のスタッフ配置モデルではない。

136 第3部 練習問題

A.4. 内部監査部門長が、様々な事項について最高経営者及び取締役会との関係構築とコミュニケーションを図る責任を認識する

問題**3** 年間監査計画において、組織体に影響を及ぼすすべての重要規制の遵守状況に関する適切なレビューが必ずしも組み込まれていない場合、内部監査部門の行動として適切なのはどれか。

（A）年間監査計画に含まれていない規制について、次年度に確実にレビューが実施されるようにする。

（B）監査計画ファイルの中に、監査対象範囲に不足が生じたことの理由を列挙したメモを含める。

（C）取締役会と最高経営者に対して、この制約について報告する。

（D）追加監査に充当する時間を捻出するために、業務監査と会計監査の監査範囲を縮小する。

【解説】

（C）が正解。最高経営者及び取締役会は、適用される重要規制の遵守状況のレビューを含め、監査対象範囲とのギャップが意味する内容を把握しておくべきである。

（A）は不正解。重要規制の遵守状況は、毎年レビューが必要な可能性がある。

（B）は不正解。監査対象範囲の不足に関する知識は、内部監査部門だけに留めておくべきではない。

（D）は不正解。他の分野の監査対象範囲が自動的に縮小されるべきではない。

CIA パート3：模擬問題　137

A.4. 内部監査部門長が、様々な事項について最高経営者及び取締役会との関係構築とコミュニケーションを図る責任を認識する

内部監査部門長が取締役会向けに最終監査報告書を作成する際、どれを含めるべきか。

（A）選択した期間内にテストされたすべての取引の詳細リスト
（B）結論を裏付ける証拠書類の相互参照索引の付いた、すべての監査調書
（C）該当するリスクと経営管理者からの回答を記した発見事項
（D）監査中にインタビューを行った経営陣の一覧表

【解説】

（C）が正解。発見事項、リスク、回答、総合意見を簡潔に列挙することで、取締役会は十分な情報を得ることができる。

（A）、（B）、（D）は不正解。IIAのガイダンスによれば、この情報は詳細すぎて、最終報告書に含めるのは適切ではない。

A.4. 内部監査部門長が、様々な事項について最高経営者及び取締役会との関係構築とコミュニケーションを図る責任を認識する

問題 **5** ある小売会社では、新しい在庫管理システムの導入を準備している。内部監査部門長（CAE）は、別の組織体で同じシステムによって重大な損失が生じていることを知った。監査計画には、この新システムに関する業務についての項目がない。CAE が取るべき最も適切な行動はどれか。

（A）信頼できる情報が十分でないため、この問題を無視する。

（B）この問題をさらに調査して、必要に応じて最高経営者と取締役会の注意を喚起する。

（C）最高経営者に通知して、ソフトウェアの導入を中止するように要請する。

（D）この問題を年間監査計画に追加して、時間に余裕がある時に監査業務を予定する。

【解説】

（B）が正解。内部監査部門長（CAE）はさらに調査しなければならず、必要な場合は、この件について最高経営者と取締役会に適時に報告しなければならない。

（A）は不正解。重大なリスクエクスポージャーの可能性が合理的に存在すると考える場合、CAE は行動を取らなければならない。

（C）は不正解。CAE は問題の存在を確認できるかどうか分からない。この懸念の深刻さに対して、この行動は適時でも予防的でもない。

（D）は不正解。さらに詳しい情報を収集するまで、この問題を追加する正当な理由はない。また、遅延が深刻な結果につながる可能性がある。

CIA パート 3：模擬問題　139

B.2. リスク・ベースの監査計画を策定するプロセスを説明する

問題 6　監査計画を立案する際に内部監査部門長がリスク評価を用いる理由として、最も適切な説明はどれか。

（A）想定される悪影響について、専門職としての判断を評価して統合するための体系的なプロセスである。

（B）組織体に悪影響を及ぼす可能性のあるものを列挙している。

（C）組織体内の監査可能な活動を一覧表示している。

（D）ある事象や活動が組織体に悪影響を及ぼす可能性を示している。

【解説】

IIA のガイダンスに照らして、（A）が正解。

（B）、（C）、（D）は不正解。これらは、リスク評価のもっともな側面ではあるが、監査計画におけるリスク評価の主目的を説明するものではない。

B.2. リスク・ベースの監査計画を策定するプロセスを説明する

問題 7
大手銀行の内部監査部門には、毎年更新されるリスクベース監査の3か年計画がある。IIA のガイダンスによると、内部監査部門長がこの計画の更新時に最も重大であると考える可能性が高い、組織体の変化はどれか。

（A）新しい取締役を3名任命することによる潜在的影響
（B）セキュリティーが確保されたすべてのプリンタ及び電話システムへの交換
（C）国の金融当局による新たな要求事項と監督
（D）自行の本店ビルの大幅な増床

【解説】

（C）が正解。国の規制・監督当局による監督は、会社の事業環境に大きな変化をもたらす。規制遵守のために、業務を調整する必要があるかもしれない。また、監督当局の要求に応じて、リスクの再評価が必要となる場合もある。

（A）は不正解。内部監査部門長は、組織体の事業、リスク、業務、プログラム、システム、及びコントロールの変化に対応して、必要に応じて計画をレビューし、調整しなければならない。

（B）は不正解。プリンターや電話機を交換しても、事業、リスク、業務、プログラム、システム、コントロールが変わるとは限らない。

（D）は不正解。既存のビルの増床は、（C）の選択肢ほど重大な問題とはならない。

CIA パート3：模擬問題　141

B.3. 内部監査人が他のアシュアランス・プロバイダと連携し、その業務を活用することの重要性を認識する

問題 8 外部監査で作成される経営者確認書と、それに対する経営管理者の返答のレビューを、内部監査部門長が行う主な理由はどれか。

（A）将来の内部監査において重視すべき分野を選定するため

（B）使用された外部監査資源の有効性を確認するため

（C）確認書の裏付けとなる証拠が存在することを確認するため

（D）内部監査業務との重複がなかったことを検証するため

【解説】

　IIA のガイダンスに照らして、（A）が正解。

　（B）は不正解。レビューではこれは達成できない。

　（C）は不正解。証拠の存在を確認するには、外部監査の監査調書を事前にレビューする必要がある。

　（D）は不正解。このためには、計画段階で外部監査と内部監査の調整が必要である。

142　第3部　練習問題

C.1. 品質のアシュアランスと改善のプログラムの要件について説明する

問題**9** 「品質のアシュアランスと改善のプログラム」（QAIP）に関する記述のうち、IIA のガイダンスに照らして正しいものはどれか。

（A）取締役会は、内部監査部門のあらゆる側面を網羅する QAIP を策定し維持しなければならない。

（B）取締役会は、最高経営者に QAIP を監督するよう奨励すべきである。

（C）組織体外の適格にしてかつ独立した評価実施者又は評価チームによって、外部評価又は検証が行われなければならない。

（D）外部評価が毎年行われる場合、内部評価の要件は免除することができる。

【解説】

（C）が正解。外部評価は、フル外部評価又は自己評価と独立した検証という 2 つの方法のいずれかを用いて実施することができる。

（A）は不正解。QAIP の策定と維持は、内部監査部門長（CAE）の職責である。

（B）は不正解。取締役会による監督を奨励するのは、CAE の職責である。

（D）は不正解。QAIP には、内部評価と外部評価が両方とも含まれなければならず、内部評価には、継続的モニタリングが含まれなければならない。

CIA パート 3：模擬問題　143

C.1. 品質のアシュアランスと改善のプログラムの要件について説明する

問題 **10** 内部監査部門にとって、内部品質評価を実施することの主な利点はどれか。

（A）内部監査部門がアシュアランスの年間計画を完遂するのに役立つ。

（B）内部監査チーム内の効率の悪さを特定できる。

（C）内部監査部門の仕事の全般的な質の向上に役立つ。

（D）組織体内の重大なリスクや懸念分野を識別できる。

【解説】

（C）が正解。内部品質評価の主な利点は、内部監査部門の全般的な質の向上である。内部品質評価は、さらに広範な「品質のアシュアランスと改善のプログラム」（QAIP）の一部として機能し、QAIPには、内部評価、継続的モニタリング、及び外部評価が含まれる。

（A）は不正解。アシュアランスの年間計画の完遂は、内部品質評価が義務付けるものではない。

（B）は不正解。これが該当する場合もあるが、チーム内の効率の悪さを特定するだけでなく内部監査部門の全般的な質を向上するという、より幅広い、主な利点に優先するものではない。

（D）は不正解。組織体内の主要なリスクや懸念事項の識別は、内部品質評価というよりも、リスク・マネジメントの枠組みの一部を形成している。

144 第3部 練習問題

C.3. 内部監査部門長が最高経営者や取締役会に伝達する、内部監査の重要業績評価指標やスコアカード指標を設定するための、実用的な方法を認識する

問題 11 IIAのガイダンスによれば、内部監査部門に関する外部品質評価の結果報告について、正しい記述はどれか。

（A）外部評価の結果は、完了時点で、取締役会に対して内密に直接報告され、最高経営者には改善のための提言と改善措置の計画のみが通知される。

（B）独立した外部者が検証した自己評価の結果は、完了時点で取締役会に伝達される。提言された改善措置のモニタリングの状況については、毎月報告しなければならない。

（C）外部評価の結果は、完了時点で最高経営者と取締役会に伝達されるが、改善措置の計画については報告しなくてもよい。

（D）品質評価の結果報告に関する要件は、外部評価の場合も、独立した外部者が検証した自己評価の場合も同一である。

【解説】

（D）が正解。結果の報告に関する要求事項は同じである。

（A）は不正解。結果は、取締役会と最高経営者に報告されなければならない。

（B）は不正解。継続的モニタリングの評価結果は、最低でも年次で伝達される。

（C）は不正解。報告には改善措置の計画が含まれなければならない。

CIAパート3：模擬問題　145

D.1. 個々の内部監査業務の結果のコミュニケーションの特性を認識する

問題 **12** 内部監査人は、監査の最終報告書に次の発見事項を記載した。「財務部門の従業員は、組織体の提出済みの納税申告書と納付済みの税金を照合していない。なぜならば、財務部門の従業員の職務記述書にこの職務が含まれていないためである。照合作業を行っていないと、税務当局から罰金を課せられる可能性が生じる。この検出事項は「中」の評価とする。（詳しい評価は報告書に添付されている。）この問題を経営管理者に適切に伝えるために、内部監査人はこの発見事項にどの要素を追加すべきか。

（A）現状

（B）規準

（C）原因

（D）影響

【解説】

（B）が正解。内部監査人は、組織体の方針や手続、法令や規制要件、業界のベストプラクティスなど、発見事項の裏付けとなる規準を明記していない。

（A）は不正解。現状は、「照合していない」として記載されている。

（C）は不正解。原因として、財務部門の従業員の職務記述書の不備が記載されている。

（D）は不正解。影響は、税務当局から罰金を課せられる可能性として記載されている。

146 第3部 練習問題

> **D.3.** 改善のための提言を作成するのか、経営管理者に改善措置の計画を要請するのか、又は経営管理者と協力するかを決定する

> 問題 **13** 内部監査人は、買掛金システムの支払書類の承認に関連して許容できない数のリスクを識別した。IIA のガイダンスによれば、この問題に対処するために内部監査人が取るべき最も適切な行動はどれか。
>
> （A）承認権限を持つのにふさわしい者を識別する。
> （B）許容可能な承認限度額を定める。
> （C）二者による承認の必要性を定める。
> （D）適切なレビュー規準を説明する。

【解説】

IIA のガイダンスに照らして、（D）が正解。

（A）、（B）、（C）は不正解。これらは経営管理者の責務である。

CIA パート 3：模擬問題　147

D.3. 改善のための提言を作成するのか、経営管理者に改善措置の計画を要請するのか、又は経営管理者と協力するかを決定する

問題 **14** ある小売企業は、顧客注文の処理と出荷に自動システムを利用している。内部監査人は、注文情報が出荷部門に到達するまでに多数のデータエラーがあることを発見した。この問題に対処するのに最も効果的な提言はどれか。

（A）注文が完了した時点で、自動データチェックを実行する。

（B）出荷部門に注文書を送る前に、担当者がすべての注文書をレビューする。

（C）必要な情報をすべて受け取るまで、注文を保留として分類する。

（D）注文書のチェックサムを注文書とともに出荷部門に送る。

【解説】

（A）が正解。注文が完了した時点で注文を検証する自動コントロールの使用は、エラーの削減に最も効果的な方法である。

（B）は不正解。これは手作業のコントロールであり、自動コントロールほど効果的ではない。

（C）は不正解。これは、注文情報を検証するのではなく、未完了の注文の処理を阻止する。

（D）は不正解。これは、データの完全性を検証するのではなく、キュー間で移転される注文データの整合性を検証する。

D.4. 個々の内部監査業務における終了時のコミュニケーションと報告のプロセスを説明する

問題 **15** 監査終了（出口）会議を開く主な目的はどれか。

（A）監査チームが監査業務をどれだけ上手に実施したかについて話し合うため

（B）監査対象部門が監査結果を理解していることを確認するため

（C）監査業務の発見事項に基づいて、年間監査計画を改訂するため

（D）監査最終報告書を作成する前に、監査対象部門からのフィードバックを求めるため

【解説】

（B）が正解。監査終了（出口）会議の目的は、監査業結果を監査対象部門とともにレビューし、結果が理解されたことを確認することである。

（A）は不正解。これは、監査の監督者の責務である。

（C）は不正解。監査終了会議では、年次監査計画の改訂についてではなく、特定の個々の監査業務について話し合うべきである。

（D）は不正解。監査の発見事項と結論は多くの方法で提示することができ、監査終了会議で提示される監査報告書の草案に限定されるものではない。

CIA パート3：模擬問題　149

D.4. 個々の内部監査業務における終了時のコミュニケーションと報告のプロセスを説明する

問題 16 監査終了会議中に議事録を作成する主な理由を述べているのはどれか。

（A）終了会議の議事録は、将来の監査のベースとなる。

（B）終了会議中に提供された新しい情報や追加情報を基に、最終監査報告書が改訂される場合がある。

（C）年間監査計画が、終了会議に基づいて改訂される場合がある。

（D）「グローバル内部監査基準」が、終了会議の文書化を義務付けている。

【解説】

（B）が正解。監査終了会議は、話し合いとレビューの機会であり、発見事項がすべての当事者に明確に理解されるようにするのに役立つ。これを文書化することは、紛争の予防や解決に役立つ可能性がある。

（A）と（C）は不正解。これらは、監査終了会議中に議事録を作成する主な理由ではない。

（D）は不正解。「グローバル内部監査基準」はこれを義務付けていない。

150 第3部 練習問題

D.4. 個々の内部監査業務における終了時のコミュニケーションと報告のプロセスを
説明する

問題 **17** 個々の監査業務の最終報告書のタイムリーな承認に役立つ可能
性が最も高い活動はどれか。

（A）暫定的な監査発見事項の文言を、監査対象部門と事前にレビューする。

（B）監査対象部門と発見事項の草案について話し合う前に、監査の全作業が完了し、文書化されているようにする。

（C）暫定版では最小限の詳細を記し、最終報告書で詳細説明を増やす。

（D）発見事項を文書化するのではなく、暫定的な段階で議論することにより、時間を節約し、明確化することができる。

【解説】

（A）が正解。これによって監査対象部門はフィードバックを提供することができ、発見事項の重大性を理解し、一般に最終報告書の内容により良く備えることができる。

（B）は不正解。話し合いの前に、監査作業が完了し、文書化されている必要はない。早めに話し合うことで、実際に多くの監査作業を削減できる可能性がある。

（C）は不正解。暫定版にはより多くの詳細があり、最終報告書でこれが要約されるのが一般的である。

（D）は不正解。発見事項を単に話し合うのではなく、文書化することによって、明確になる。

CIA パート 3：模擬問題　151

D.4. 個々の内部監査業務における終了時のコミュニケーションと報告のプロセスを説明する

問題 **18** 内部監査人は小規模なコストセンターのレビューの最中に、マネージャーが購入を承認し、商品を検収し、適時に支払を承認しているのを観察した。内部監査人が次に取るべき行動はどれか。

（A）監査の管理者に、観察した現状を知らせ、ガイダンスを求める。

（B）観察事項を正式な発見事項として報告書草案に文書化し、改善提案を行う。

（C）職務分離に関連するリスクについて知らせるため、このマネージャーと話す。

（D）このマネージャーが承認したすべての取引の調査を開始する。

【解説】

（A）が正解。マネージャーは適切な職務分離を行っておらず、これは監査の管理者に報告すべき不正リスクである。

（B）は不正解。この観察事項は、報告書を草案する前に監査の管理者に報告すべきである。

（C）は不正解。マネージャーは不正を犯している可能性があり、マネージャーに話す前に追加の調査が必要とされる可能性があるため、内部監査人は、まず監査の管理者に知らせるべきである。

（D）は不正解。内部監査人は、マネージャーが承認したすべての取引の不正調査を開始する前に、監査の管理者に知らせるべきである。

152　第3部　練習問題

> **D.5. 個々の内部監査業務における残余リスクの評価に関する内部監査部門長の責任を説明する**

問題 19 前回の内部監査で残余リスクが高いとみなされた項目に取り組む際に、取るべき手法はどれか。

（A）前四半期に講じられたはずの全ての是正措置について、適時（例えば四半期毎）にフォローアップを実施する。

（B）効率を上げるために、該当する部門に対して次に予定されている定期の内部監査中にフォローアップを実施する。

（C）この項目はコントロールを導入した後でも残余リスクが高いため、内部監査部門にこれ以上できることはない。

（D）この項目について経営管理者からの最新報告を待つ。内部監査部門からこれ以上フォローアップをする必要はない。

【解説】

（A）が正解。残余リスクが高いとみなされた項目については、フォローアップを適時に行うべきである。

（B）は不正解。リスクが高い項目では、次に予定されている監査よりも前にフォローアップを行うべきである。

（C）は不正解。残余リスクが高い場合も、内部監査人はコントロールをテストすべきである。

（D）は不正解。経営管理者に十分な時間を与えるのは公正だが、内部監査人のフォローアップは、経営管理者からの報告を待つべきではない。

CIA パート3：模擬問題　153

D.6. リスクの受容についてのコミュニケーション・プロセスを説明する（経営管理者が組織体にとって受容できないレベルのリスクを受け入れた場合）

問題 **20** 監査報告プロセス中に、最高経営者が組織体には受容できないようなレベルのリスクを受容する意思決定をした場合、内部監査部門はどうすべきか。

（A）最高経営者の回答を文書化し、監査委員会に報告する。

（B）最高経営者が発見事項に同意するまで、最高経営者とこの件について討議を続ける。

（C）最高経営者がリスクを受容していることを外部監査人に伝える。

（D）監査業務中に識別された問題について、直ちにフォローアップ監査を計画する。

【解説】

IIA のガイダンスに照らして、（A）が正解。

（B）は不正解。内部監査部門は、最高経営者に発見事項への同意を強いることはできない。

（C）は不正解。監査委員会より前に外部監査人が報告を受けることはない。

（D）は不正解。最高経営者がリスクを受容したため、フォローアップは不要である。

付録　参考文献リスト

　参考文献の中には、2025 年 1 月 9 日から適用された内部監査人協会の「グローバル内部監査基準」ではなく、それ以前の 2017 年版の「内部監査の専門職的実施の国際基準（基準）」を含む「専門職的実施の国際フレームワーク」を参照しているものが多数あります。これらは、順次、「グローバル内部監査基準」に対応したものに改訂される予定です。

　なお、2017 年版の「基準」と 2025 年 1 月 9 日から適用された「グローバル内部監査基準」との新旧対照表は、日本内部監査協会のウェブサイト（https://wsg.iiajapan.com/leg/iia/info/2024/two-way-mapping-2017-ippf-mandatory-elements-to-2024-global-internal-audit-standards-and-back-japanese.pdf）に掲載されています。

公開文献及び内部監査人協会(IIA)会員が無料で入手できる文献

公開文献及び内部監査人協会(ⅡA)会員が無料で入手できる文献

原書		
#	タイトル	URL 等
1	The IIA's Global Internal Audit Standards	https://www.theiia.org/globalassets/site/standards/editable-versions/globalinternalauditstandards_2024january9_editable.pdf
2	The IIA's Topical Requirements* – coming soon	
3	IIA Global PG: Assessing the Risk Management Process, 2nd Edition	https://www.theiia.org/globalassets/site/content/guidance/recommended/supplemental/practice-guides/global-practice-guide-assessing-the-risk-management-process/gpg_assessing_the_risk_management_process_2nd_ed.pdf
4	IIA Global PG: Auditing Anti-corruption Activities	https://www.theiia.org/globalassets/documents/content/articles/guidance/practice-guides/auditing-anti-corruption-activities/pg_auditing_anti-corruption_activities.pdf
5	IIA Global PG: Auditing Culture, 2nd edition	https://www.theiia.org/globalassets/site/content/guidance/recommended/supplemental/practice-guides/global-practice-guide-auditing-culture/gpg_auditing_culture_2nd_ed.pdf
6	IIA Global PG: Auditing Third-party Risk Management	https://www.theiia.org/globalassets/documents/content/articles/guidance/practice-guides/auditing-third-party-risk-management/pg-auditing-third-party-risk-management.pdf
7	IIA Global PG: Business Resilience – new PG coming soon	

日本語版	
タイトル	URL 等
IIA：グローバル内部監査基準	https://www.theiia.org/globalassets/site/standards/editable-versions/global-internal-audit-standards-japanese2.pdf
IIA プラクティス・ガイド：カルチャーの監査（第 1 版 **）	https://wsm.iiajapan.com/members/pdf/view_gait/Audit%20Reports-Communicating%20Assurance-Japanese2.pdf（日本内部監査協会　会員サイト内）
IIA プラクティス・ガイド：サードパーティに関するリスク・マネジメントの監査	https://wsm.iiajapan.com/members/pdf/view_gait/IPPFPG-ATRM201810.pdf（日本内部監査協会　会員サイト内）

原書		
#	タイトル	URL 等
8	IIA Global PG: Coordination with and Reliance on Other Risk and Assurance Providers – new PG coming soon	
9	IIA Global PG: Developing a Risk-based Internal Audit Plan	https://www.theiia.org/globalassets/documents/content/articles/guidance/practice-guides/developing-a-risk-based-internal-audit-plan/pg-developing-a-risk-based-internal-audit-plan.pdf
10	IIA Global PG: Engagement Planning: Assessing Fraud Risks	https://www.theiia.org/globalassets/documents/content/articles/guidance/practice-guides/engagement-planning-assessing-fraud-risks/pg-engagement-planning-assessing-fraud-risks.pdf
11	IIA Global PG: Engagement Planning: Establishing Objectives and Scope	https://www.theiia.org/globalassets/documents/content/articles/guidance/practice-guides/engagement-planning-establishing-objectives-and-scope/pg-engagement-planning-establishing-objectives-and-scope.pdf
12	IIA Global PG: Integrated Approaches to Internal Auditing	https://www.theiia.org/globalassets/site/content/guidance/recommended/supplemental/practice-guides/practice-guide-integrated-approaches-to-internal-auditing/pg_integrated_approaches_to_internal_auditing_final-1.pdf
13	IIA Global PG: Internal Auditing and Fraud, 3rd edition	https://www.theiia.org/globalassets/site/content/guidance/recommended/supplemental/practice-guides/internal-auditing-and-fraud-3rd-edition/gpg_internal_auditing_and_fraud_3rd_edition_2024_rev.pdf
14	IIA GTAG: Assessing Cybersecurity Risk - The Three Lines Model	https://www.theiia.org/globalassets/documents/content/articles/guidance/gtag/gtag-assessing-cybersecurity-risk/gtag-assessing-cybersecurity-risk.pdf

日本語版	
タイトル	URL 等
IIA プラクティス・ガイド：リスクベースの内部監査計画の策定	https://wsm.iiajapan.com/members/pdf/view_gait/IPPFPG-DRIAP202005.pdf（日本内部監査協会　会員サイト内）
IIA プラクティス・ガイド：個々の監査業務の計画策定：不正リスクの評価	https://wsm.iiajapan.com/members/pdf/view_gait/Engagement_Planning_Assessing_Fraud_Risks.pdf（日本内部監査協会　会員サイト内）
IIA プラクティス・ガイド：個々の監査業務の計画策定：目標と範囲の設定	https://wsm.iiajapan.com/members/pdf/view_gait/Engagement_Planning.pdf（日本内部監査協会　会員サイト内）
IIA プラクティス・ガイド：内部監査と不正（第 1 版 **）	https://wsm.iiajapan.com/members/pdf/view_gait/IIAJ_InternalAuditing_and_Fraud_IPPF-PG.pdf（日本内部監査協会　会員サイト内）
IIA プラクティス・ガイド（GTAG）：サイバーセキュリティ・リスクの評価 3 つのディフェンスラインの役割	https://www.iiajapan.com/leg/pdf/data/itaudit/Assessing_Cybersecurity_Risk.pdf

原書		
#	タイトル	URL 等
15	IIA GTAG: Auditing Business Applications	https://www.theiia.org/globalassets/documents/content/articles/guidance/gtag/gtag-auditing-business-applications/auditing-business-applications_update.pdf
16	IIA GTAG: Auditing Cyber Incident Response & Recovery, 2nd edition	https://www.theiia.org/globalassets/site/content/guidance/recommended/supplemental/practice-guides/global-practice-guide-auditing-cyber-incident-response-and-recovery/gtag_auditing_cyber_incident_response_and_recovery_2nd_ed.pdf
17	IIA GTAG: Auditing Cybersecurity Operations – 2nd edition coming soon	
18	IIA GTAG: Auditing Identity and Access Management, 2nd edition	https://www.theiia.org/globalassets/site/content/guidance/recommended/supplemental/practice-guides/gtag-auditing-identity-and-access-management/gtag_auditing_identity_and_access_mgmt_2nd_ed.pdf
19	IIA GTAG: Auditing Insider Threat Programs	https://www.theiia.org/globalassets/documents/content/articles/guidance/gtag/gtag-auditing-insider-threat-programs/gtag-auditing-insider-threat-programs.pdf
20	IIA GTAG: Auditing IT Governance	https://www.theiia.org/globalassets/documents/content/articles/guidance/practice-guides/gtag-auditing-it-governance/gtag-17-auditing-it-governance.pdf
21	IIA GTAG: Auditing Mobile Computing, 2nd edition	https://www.theiia.org/globalassets/site/content/guidance/recommended/supplemental/practice-guides/gtag-auditing-mobile-computing/gtag_auditing_mobile_computing_2nd_ed.pdf

日本語版	
タイトル	URL 等
IIA プラクティス・ガイド（GTAG）： IT ガバナンスの監査	https://wsm.iiajapan.com/members/pdf/ view_gait/Auditing%20IT%20Governance. pdf（日本内部監査協会　会員サイト内）

原書		
#	タイトル	URL 等
22	IIA GTAG: Auditing Network and Communications Management, 2nd edition	https://www.theiia.org/globalassets/ site/content/guidance/recommended/ supplemental/practice-guides/gtag-auditing-network-and-communications-management-2nd-edition/gtag_ auditing_network_and_comms_ mgmt_2nd_ed_rev.pdf
23	IIA GTAG: IT Change Management, 3rd edition	https://www.theiia.org/globalassets/ documents/content/articles/guidance/ gtag/gtag-it-change-management/gtag_ it_change_management_3rd-edition2. pdf
24	IIA GTAG: IT Essentials for Internal Auditors	https://www.theiia.org/globalassets/ documents/content/articles/guidance/ gtag/gtag-it-essentials-for-internal-auditors/gtag-it-essentials-for-internal-auditors1.pdf
25	IIA GTAG: Understanding and Auditing Big Data	https://www.theiia.org/globalassets/ documents/content/articles/guidance/ gtag/gtag-understanding-and-auditing-big-data/gtag-understanding-and-auditing-big-data.pdf
26	The IIA's Guide to Customizing the Model Internal Audit Charter (General Use version)	https://www.theiia.org/globalassets/ site/content/guidance/recommended/ supplemental/practice-guides/model-internal-audit-activity-charter/guide_to_ customizing_the_miac_rev_20240419. pdf
27	The IIA's Model Internal Audit Charter Tool (General Use version)	https://www.theiia.org/en/content/ guidance/recommended/ supplemental/practice-guides/model-internal-audit-activity-charter/
28	IIA Position Paper: Fraud and Internal Audit: Assurance Over Fraud Controls Fundamental to Success (2019)	https://www.theiia.org/globalassets/ documents/resources/fraud-and-internal-audit-assurance-over-fraud-controls-fundamental-to-success-april-2019/fraud-and-internal-audit.pdf

日本語版	
タイトル	URL 等
IIA プラクティス・ガイド（GTAG）：ビッグデータの理解と監査	https://wsm.iiajapan.com/members/pdf/view_gait/Understanding_and_Auditing_Big_Data.pdf（日本内部監査協会　会員サイト内）
スタンダート・ナレッジ・センター：内部監査基本規程モデルのカスタマイズガイド	https://wsm.iiajapan.com/members/pdf/view_gait/Guide_to_customizing_The_Model_Internal_Audit_Charter_Japanese.pdf（日本内部監査協会　会員サイト内）
スタンダート・ナレッジ・センター：内部監査基本規程のモデルツール	https://wsm.iiajapan.com/members/pdf/view_gait/Model_Internal_Audit_Charter_Tool_Japanese.pdf（日本内部監査協会　会員サイト内）
IIA ポジションペーパー：不正と内部監査－不正のコントロールに対するアシュアランスは成功の基盤	https://www.iiajapan.com/leg/pdf/data/iia/Fraud%20and%20Internal%20Audit-Japanese.pdf

原書		
#	タイトル	URL 等
29	IIA Position Paper: Internal Auditing's Role in Corporate Governance (2018)	https://www.theiia.org/globalassets/documents/resources/internal-auditings-role-in-corporate-governance-may-2018/internal-auditings-role-in-corporate-governance.pdf
30	IIA Position Paper: Internal Auditing's Role in Governing Body/Executive Committees (2019)	https://www.theiia.org/globalassets/documents/resources/internal-auditings-role-in-governing-bodyexecutive-committees-november-2019/pp-ias-role-in-governing-body-executive-committees.pdf
31	IIA Position Paper: Relationships of Trust: Building Better Connections Between the Audit Committee and Internal Audit (2019)	https://www.theiia.org/globalassets/documents/resources/relationships-of-trust--building-better-connections-between-the-audit-committee-and-internal-audit-june-2019/relationships-of-trust.pdf
32	IIA Position Paper: Staffing Considerations for the Internal Audit Activity (2018)	https://www.theiia.org/globalassets/documents/resources/staffing-considerations-for-internal-audit-activity-may-2018/staffing-considerations-for-internal-audit-activity.pdf
33	IIA Position Paper: The IIA's Three Lines Model: An Update of the Three Lines of Defense (2020)	https://www.theiia.org/globalassets/documents/resources/the-iias-three-lines-model-an-update-of-the-three-lines-of-defense-july-2020/three-lines-model-updated-english.pdf
34	IIA Position Paper: Why Conformance Matters (2018)	https://www.theiia.org/globalassets/documents/resources/why-conformance-matters-may-2018/why-conformance-matters.pdf
35	The Internal Audit Foundation & Crowe: Privacy and Data Protection, Part 1: Internal Audit's Role in Establishing a Resilient Framework (2020)	https://www.theiia.org/globalassets/site/foundation/latest-research-and-products/privacy-and-data-protection-part-1.pdf

日本語版	
タイトル	URL 等
IIA ポジションペーパー：コーポレートガバナンスにおける内部監査の役割	https://www.iiajapan.com/leg/pdf/data/iia/internal%20auditings%20role%20in%20corporate%20governance-Japanese.pdf
IIA ポジションペーパー：統治機関・執行委員会における内部監査の役割	https://wsg.iiajapan.com/leg/pdf/data/iia/IAs%20Role%20in%20Governing%20Body%20Executive%20Committees-Japanese.pdf
IIA ポジションペーパー：信頼関係－監査委員会と内部監査のより良い関係の構築	https://www.iiajapan.com/leg/pdf/data/iia/Relationships%20of%20Trust-Japanese.pdf
IIA ポジションペーパー：内部監査部門の要員配置・資源調達に関して考慮すべき事項	https://www.iiajapan.com/leg/pdf/data/iia/staffing%20considerations%20for%20internal%20audit%20activity-Japanese.pdf
IIA ポジションペーパー：IIA の 3 ラインモデル：3 つのディフェンスラインの改訂	https://www.iiajapan.com/leg/pdf/data/iia/2020.07_1_Three-Lines-Model-Updated-Japanese.pdf
IIA ポジションペーパー：適合はなぜ重要か―内部監査基準を満たすことは、真のアシュアランスを提供するための鍵	https://www.iiajapan.com/leg/pdf/data/iia/Why%20Conformance%20Matters-Japanese.pdf
内部監査財団・Crowe：プライバシーとデータ保護　第 1 部：弾力的なフレームワークを構築する際の内部監査の役割	https://www.iiajapan.com/leg/pdf/data/iia/Privacy%20and%20Data%20Protection%20Part%201-Internal%20Audit%E2%80%99s%20Role%20in%20Establishing%20a%20Resilient%20Framework-Japanese.pdf

原書		
#	タイトル	URL 等
36	COSO: Achieving Effective Internal Control over Sustainability Reporting (ICSR): Building Trust and Confidence through the COSO Internal Control—Integrated Framework (2024)	https://www.coso.org/_files/ugd/719b a0_0b33989b84454d1682399ab5c71e49 cb.pdf
37	COSO: Compliance Risk Management – Applying the COSO ERM Framework (2020)	https://www.coso.org/_files/ugd/3059 fc_5f9c50e005034badb07f94e9712d9a56. pdf
38	COSO: Creating and Protecting Organizational Value: Understanding and Implementing Enterprise Risk Management (2020)	https://www.coso.org/_files/ugd/3059fc_feeea9e81bdd43adbcb3fe2c 3337c0be.pdf
39	COSO: Enterprise Risk Management for Cloud Computing (2021)	https://www.coso.org/_files/ugd/3059 fc_96fec127be4e4f91b4ed1bdc424e7 3b2.pdf
40	COSO: Realize the Full Potential of Artificial Intelligence (2021)	https://www.coso.org/_files/ugd/3059fc_e17fdcd298924d4ca4df1a4b 453b4135.pdf
41	COSO: Risk Appetite Critical to Success (2020)	https://www.coso.org/_files/ugd/3059 fc_1607e24e43ad44bf96f725765cb8e78a. pdf
42	ISACA: Blockchain Framework and Guidance	https://store.isaca.org/s/store#/store/ browse/detail/a2S4w000005GcVGEA0
43	ISACA: Implementing Robotic Process Automation	https://store.isaca.org/s/store#/store/ browse/detail/a2S4w000004KoGrEAK
44	ISACA: Managing Security Impacts in a Multicloud Environment	https://store.isaca.org/s/store#/store/ browse/detail/a2S4w000004KoHWEA0
45	ISACA: Privacy: Beyond Compliance	https://store.isaca.org/s/store#/store/ browse/detail/a2S4w000004KoGxEAK
46	ISACA: Rethinking Data Governance and Data Management (2020)	https://store.isaca.org/s/store#/store/ browse/detail/a2S4w000004KoEwEAK
47	NIST: Cybersecurity Framework (CSF) 2.0	https://nvlpubs.nist.gov/nistpubs/ CSWP/NIST.CSWP.29.pdf

日本語版	
タイトル	URL 等
COSO ガイダンス：サステナビリティ報告に係る有効な内部統制（ICSR）の実現：COSO の内部統制の統合的フレームワークによる信頼と自信の確立	https://www.coso.org/_files/ugd/3059fc_ef7bbfd658d4483fae6c3e3312f43f77.pdf
COSO ガイダンス：コンプライアンスリスクマネジメント；COSO ERM フレームワークの適用	https://www.coso.org/_files/ugd/3059fc_f91c2d7dac42432aadc4e4a978ae5389.pdf
COSO ガイダンス：クラウドコンピューティングのための全社的リスクマネジメント	https://www.coso.org/_files/ugd/3059fc_37da8098d5d0434da610fa29962c5eaa.pdf
COSO ガイダンス：人工知能の可能性を最大限に実現する	https://www.coso.org/_files/ugd/3059fc_c0a0634b012246e1983c59703984257a.pdf
米国国立標準技術研究所（NIST）：サイバーセキュリティフレームワーク（CSF）2.0	https://www.ipa.go.jp/security/reports/oversea/nist/ug65p90000019cp4-att/begoj9000000d400.pdf

市販図書等

原書		
#	タイトル	URL 等
1	Accounting Principles, by Jerry Weygandt, Paul Kimmel, and Donald Kieso, 14th edition (2020) or other credible references on accounting	https://www.wiley.com/en-ae/Accounting+Principles%2C+14th+Edition-p-9781119707080
2	COSO & ACFE: Fraud Risk Management Guide (2023)	https://www.theiia.org/en/products/bookstore/fraud-risk-management-guide/
3	COSO: Enterprise Risk Management Framework (2017)	https://www.theiia.org/en/products/bookstore/coso-enterprise-risk-management—integrating-with-strategy-and-performance/
4	COSO: Internal Control – Integrated Framework (2013)	https://www.theiia.org/en/products/bookstore/coso---internal-control--integrated-framework-2013-framework/
5	Data Analysis and Sampling Simplified: A Practical Guide for Internal Auditors, by Donald Dickie (2019)	https://www.theiia.org/en/products/bookstore/data-analysis-and-sampling-simplified-a-practical-guide-for-internal-auditors/
6	Fundamentals of IT Audit for Operational Auditors (2022)	https://www.theiia.org/en/products/bookstore/fundamentals-of-it-audit-for-operational-auditors/
7	Internal Auditing: Assurance & Advisory Services, by Urton Anderson et. al., 5th edition (2022)	https://www.theiia.org/en/products/bookstore/internal-auditing-assurance-and-advisory-services-5th-edition/
8	ISACA's COBIT 2019 Framework: Introduction and Methodology (Chapters 1-5)	https://store.isaca.org/s/store#/store/browse/detail/a2S4w000004Ko9cEAC
9	Principles of Information Security, by Michael Whitman and Herbert Mattord (2021)	https://www.amazon.co.jp/-/en/Michael-Ph-D-Whitman/dp/035750643X
10	Project Management Institute: Project Management Body of Knowledge (PMBOK) Guide	https://www.pmi.org/standards/pmbok

168　付録　参考文献リスト

日本語版	
タイトル	URL 等
COSO & ACFE：不正リスク管理ガイド　第2版	2025 年出版予定
COSO：全社的リスクマネジメント―戦略およびパフォーマンスとの統合―	https://www.kinokuniya.co.jp/f/dsg-01-9784495207519
COSO：内部統制の統合的フレームワーク	https://jicpa.or.jp/news/information/2014/coso_1.html
日本内部監査協会：内部監査　アシュアランス業務とアドバイザリー業務（第4版**）	https://www.iiajapan.com/leg/data/list/bk10128.html

原書		
#	タイトル	URL 等
11	Ready and Relevant: Prepare to Audit What Matters Most, by Timothy Berichon (2020)	https://www.theiia.org/en/products/bookstore/ready-and-relevant-prepare-to-audit-what-matters-most/
12	Sawyer's Guide for Internal Auditors, 7th edition (2019)	https://www.theiia.org/en/products/bookstore/sawyers-internal-auditing-enhancing-and-protecting-organizational-value-7th-edition/
13	Understanding Management, by Richard Daft and Dorothy Marcic, 12th edition (2022)	https://www.amazon.co.jp/Understanding-Management-Richard-L-Daft/dp/0357716892

注：新たに登場する実務やテクノロジーを適切にカバーするために、内部監
査及び関連トピックに関するその他の現行のリソースを使用する可能性
があります。

* 現行の方針に従い、新しいトピック別要求事項に関する試験問題は、
発効日から少なくとも 6 か月間は CIA 試験には出題されません。ト
ピック別要求事項に関する詳細な情報は、下記ウェブサイトをご参照
ください。

https://www.theiia.org/en/standards/2024-standards/topical-requirements/

** 参考文献の原書とは異なる版の日本語版が示されているものがありま
すが、これは、原書よりも古い版が日本語に訳されている場合などで
す。

170 付録 参考文献リスト

日本語版	
タイトル	**URL 等**
日本内部監査協会：ソイヤーの内部監査：組織体の価値の向上と保全（第7版）上巻・下巻	https://www.iiajapan.com/leg/data/list/bk10130.html https://www.iiajapan.com/leg/data/list/bk10132.html

【監修者紹介】

一般社団法人日本内部監査協会

　内部監査及び関連する諸分野についての理論及び実務の研究、並びに内部監査の品質及び内部監査人の専門能力の向上を推進するとともに、内部監査に関する知識を広く一般に普及することにより、わが国産業、経済の健全な発展に資することを目的に活動。

　また、国際的な内部監査の専門団体である内部監査人協会（The Institute of Internal Auditors, Inc.：IIA）の日本代表機関として世界的な交流活動を行うとともに、内部監査人の国際資格である "公認内部監査人（Certified Internal Auditor：CIA）" 等の認定試験を実施している。

　1957（昭和32）年創立。

　TEL（03）6214-2231　FAX（03）6214-223

　https://www.iiajapan.com/

【著者紹介】

堺咲子（さかい　さきこ）

　　インフィニティコンサルティング代表

　　プレミアアンチエイジング株式会社　社外取締役

　　内部監査人協会（IIA）国際本部　専門職資格審議会委員

　　CIA、CRMA、CCSA、CFSA

［略歴］

　国内外の保険会社や出版社で経理・財務業務に従事する中で専門職資格取得の重要性を認識し、米国公認会計士資格を取得。その学習過程で内部監査という専門職を知り、衛星放送プラットフォーム会社で内部監査に従事しながらCIA資格を取得。監査法人と外資系生命保険会社で内部監査に従事し、2008年よりフリーランスで内部監査のコンサルティング業務を提供。COSOのガイダンス、内部監査財団の書籍、IIAの各種レポート等の翻訳を多数公表。IIAではボランティアとして、国際本部理事、専門職資格審議会委員、内部監査財団評議員等を歴任。

新シラバス対応
Q&A公認内部監査人(CIA)資格認定プログラム
資格取得を考えたら最初に読む本

2025年4月30日　初版発行

監　修	一般社団法人日本内部監査協会
著　者	堺咲子
発行者	大坪克行
発行所	株式会社 税務経理協会
	〒161-0033東京都新宿区下落合1丁目1番3号
	http://www.zeikei.co.jp
	03-6304-0505
印　刷	株式会社技秀堂
製　本	株式会社技秀堂
デザイン	原宗男（カバー）

本書についての
ご意見・ご感想はコチラ

http://www.zeikei.co.jp/contact/

本書の無断複製は著作権法上の例外を除き禁じられています。複製される場合は、そのつど事前に、出版者著作権管理機構（電話03-5244-5088、FAX03-5244-5089、e-mail: info@jcopy.or.jp）の許諾を得てください。

 ＜出版者著作権管理機構 委託出版物＞
ISBN 978-4-419-07257-5　C3034

© 一般社団法人日本内部監査協会　2025　Printed in Japan